한 명의
변화,
천 명의 꿈

한 명의
변화,
천 명의 꿈

방황하던 청춘에서
청소년 비전 강사가 되기까지

 정지호 지음

"나는 아들 바보다. 그리고 청소년 바보다."
먹고 놀기 바빴던 자유로운 영혼,
누군가의 꿈을 조언해주는 강사가 되다

들어가는 글

    친구들과 먹고 노는 것이 제일 좋았던 시절인 초등학교 5학년 때 '서태지와 아이들'과 '현진영'이 제일 유명했다. 이 당시 획기적인 멜로디와 춤은 우리들을 하나로 뭉치게 했다.

    "난~ 알아요. 이 밤이 흐르고 흐르면 누군가 날 떠나버려야 한다는 그 사실을 이유를 이제는 나도 알 수가 알 수가 있어요. 사랑을 한다는 말을 못 해서"

    세 명의 가수가 왼쪽 오른쪽으로 이동하면서 노래를 부르는 모습은 너무나 멋스러웠다. 그리고 현진영의 <흐린 기억 속의 그대>는 중독적인 멜로디로 전국을 강타했다.

    "안개 핀 조명을 흐트러진 내 몸을 감싸고" 콧소리~~~ "술에 취해 비틀거리는 하~~예~~~ 나의 모습 이제는 싫어 ~~~ 스르르 예~~~"

    학교에서는 두 가수파로 나뉘어서 서로 좋아하는 음악을 들으면서 춤을 따라 추곤 했는데, 그렇게 적극적이지도 튀는 성격도 아니었던 나는 음악을 통해서 친구들과 더 친해졌고, 학교에서는 책가방만 한 카세트 오디오로 노래를 들으면서 쉬는

시간에 친구들과 못 추는 춤을 따라 했다. 어느 날 친구가

"야~ 이번에 광안리 바다 앞에 백화점이 생기는데 크리스마스 축제 겸 노래자랑대회를 한다고 하네?"

몇 명의 친한 친구들과 의논을 해본다. 우리는 서태지와 아이들과 현진영 중 하나를 선택해서 대회에 참석하기로 결심했다. 수업 시간에 공부는 하지 않고, 온통 대회 생각으로 가득 차 있었다. 수업 시간을 제외하고 친구들과 모여서 춤 연습을 열심히 했다. 다소 의견이 안 맞아서 다투기도 했지만, 드디어 그날이 다가왔다. 아직도 생생하게 기억이 난다. 무대 바로 왼쪽에 다섯 분의 정장 입은 심사위원들을 말이다.

지금 생각해보면 그렇게 화려하고 큰 백화점은 아니었지만 당시 우리에게는 너무나도 큰 무대였다.

몇 번의 참가자가 지나갈 때마다 긴장감은 더 증가했다.

"자~ 다음 참가자는 광안초등학교 5학년 학생들의 무대입니다."

"서태지와 아이들의 <환상 속의 그대> 박수로 환영해주세요."

기억력이 그렇게 좋지 않은 내가 초등학교 5학년 때 추억을 몇 가지나 이야기할 수 있을까? 그러나 이 기억은 확실하게 난다. 어디서 나온 자신감일까? 나는 친구들 사이에서 혼자 심사위원들에게 뚜벅뚜벅 걸어가서 말했다.

"잘 부탁드리겠습니다. 심사위원님."

웃으면서 나의 인사를 받아주었다. 지금 생각하면 이분들이 얼마나 초등학생들이 귀여웠을까? 그래도 우리는 당시 매우 진

지했고, 아이가 아닌 어른이라는 생각이 강했다.

"뚜두두뚜~~ 두두두 뚜두두뚜~~ 두두두 뚜두두뚜 환상 속의 그대"

당시 이 노래는 아이 어른 할 것 없이 다 좋아했다. 무대에 있던 우리들과 관객들도 첫 멜로디에 흥이 올라오고 있었다. 약 5분간의 공연을 준비하기 위해 얼마나 노력했던지. 그 노력에 조금만 공부에 취미를 붙였다면 어땠을까? 음악과 함께 친구들은 땀을 흘리며 열심히 합을 맞추면서 춤을 췄다. 노래가 끝날 즈음 박수 소리가 들려왔는데 처음 느껴보는 소름과 함께 친구들과 나는 매우 뿌듯했다. 모든 공연이 끝이 나고 시상식이 이어졌다. 내심 친구들과 기대를 하면서 '혹시 우리 우승하는 건 아니겠지'라고 생각했다. 시상식이 진행되는데 우리 팀 이름은 부르지 않았고, 초조함이 몰려왔다.

"이번 시상은 참가상입니다. 매우 인상적인 무대를 보여준 광안초등학교 5학년 학생들, 박수로 환영해주세요."

친구들과 나는 이 상이 그냥 모든 사람들에게 다 주는 상인지도 모르고, 매우 당당하게 시상대에 나와서 관중들에게 손까지 흔들면서 선물을 받았다. 그 선물은 크리스마스 전구 트리였다. 태어나서 처음으로 무대에 섰고, 잘 참여했다고 선물까지 받은 이날은 내 인생에서 최고의 날이었다.

그 최고의 해에 아픔도 함께 찾아왔다.

나의 첫사랑은 짝사랑이다. 사실 이 춤도 첫사랑인 친구에게 잘 보이고 싶어 췄던 것 같다. 같은 반 친구인 여학생을 짝사랑한 남학생의 모습. 지금 생각하면 귀여운 추억이지만, 수줍어서 고백도 못 했던 그 시절 나의 마음은 정말로 이 친구를 좋아하고 있었다. 하필 공부도 잘했고, 얼굴도 예뻤던 그 친구를 좋아하는 남학생들이 많았다. 다행인 건 그 친구와 반에서 짝지도 하면서 종교도 같았다는 거다. 수줍어서 얼굴도 오래 쳐다보지 못하고, 잠깐잠깐 이야기만 했지만 내 마음속의 첫사랑은 깊어갔다. 학교에서 장래희망을 작성하는데 이 친구가 [수녀님]이라고 작성한 것을 보았고, 같은 종교를 가진 나는 덩달아 장래희망에다가 [신부님]이라고 작성하고 서로 공통점을 찾으려고 했다. 순수했던 그 시절의 모습이다.

학교 소풍을 가면 친구들과 함께 이야기를 하다가도 그 친구가 보이면 오랫동안 쳐다보곤 했다. 지나가는 길옆에 핫도그와 알록달록한 솜사탕을 파는 좌판 노점상이 있었는데 드디어 용기를 내어보기로 했다. 핫도그를 양손에 하나씩 들고, 여학생에게 다가갔다. 심장이 쪼그라들 정도로 떨림을 느꼈고, 한 발한 발 다가가 보았다. 얼마 안 남은 거리에서 갑자기 우리 반에서 제일 싸움도 잘하고, 멋진 남학생이 그 친구 손을 잡고 서로 즐거운 대화를 나누면서 걸어갔다. 그 순간 나는 양손에 따뜻한 핫도그를 들고 멍한 상태에서 나의 첫사랑은 막을 내렸다. 엄청 용기 내서 다가갔지만, 한순간에 마음을 접었다. 그렇게 잘 보이고 싶어 노래와 춤도 연습했는데, 나의 첫사랑은 이렇게 짝사랑으로 끝이 났다. 시간이 흘러 중학생이 되고, 고등학생이 되어서 이 친구를 광안성당에서 만났다. 기억이 가물가물했지만 옆모습만 보아도 그 친구임을 직감했고 용기 내서 다가가 말을 걸었다.

"안녕! 나 알겠어? 광안초등학교 동창 지호."

"안녕, 잘 지냈어? 반갑다."

그 친구는 이사를 하면서 내가 다니고 있던 성당으로 옮겨온 모양이었다. 성당 앞 몇백 미터를 함께 걸어가면서 이런저런 이야기도 나누고, 그 친구 집 앞 놀이터에서,

"초등학교 때 내가 너 많이 좋아했는데 기억 안 나지? 워낙 인기가 많아서."

"그래, 날 좋아했어?"

이렇게 나의 첫사랑이었던 친구와 대화를 하면서 그때 하지 못했던 좋아했었다는 과거 고백을 하게 되었다. 당시의 감정은 초등학교 때 좋아했던 그런 감정은 없었고, 옛 추억을 함께 이야기하고 싶었다. 그냥 짝사랑이었던 첫사랑은 그때 감정으로 두고 갔어야 했나 생각하며 마지막 인사를 하고 조금 이상한 기분으로 걸어갔다. 혼자 웃으면서….

차례

PART

1

방황하던 청춘

1
아무 생각 없이

어머니 가슴에 못을 박았다. 나는 불효자였지만 남아 있는 내 인생에 절대 그런 일은 다시 없을 것이다. 어른들이 물어본다.

"꿈이 뭐야?"

꿈이라는 단어는 나와는 먼 단어였다. 그냥 아무 생각 없이 하루하루 친구들과 노는 것이 재미있고 좋았다. 중학교 시절은 공부보다는 친구들과 어울리며 노는 평범한 학생이었다. 친구 따라 강남 간다고 친하게 지내던 친구와 언제부턴가 남의 물건을 훔치는 도벽을 함께 즐기고 있었다.

똑같은 상고머리 3명의 친구들과 1004번 만원 버스 안 좌우로 흔들리는 손잡이를 잡고 플랜을 짠다. "야~ 요즘 유행하는 옷 보러 남포동 가자."

30분에서 40분 정도 버스 안에서 남들 눈을 의식하지 않고 수다를 떨다 목적지에 도착해서 버튼을 누른다. "삐~", 나름 큰 다짐을 하며 남포동 국제시장에 나란히 하차해 뚜벅뚜벅 국제시장 옷 가게 길로 들어선다. 구름 한 점 없는 아주 맑은 날, 길가에는 달콤한 호떡 냄새와 다양한 먹을 것들이 우리들의 발걸음을 잡았다.

"이모, 호떡 3개 주세요."

뜨거운 호떡을 한 입 물어가며 의기양양하게 보세 옷 가게들이 모여 있는 곳으로 이동했다.

손에는 설탕물을 묻혀가면서 이동하는데

"학생, 이루 와. 싸게 줄게."

주변을 돌아봐도 여기저기 우리들을 잡으려고 호객 행위를 했다. 한창 옷에 관심 있을 나이에 돈은 부족하니 구경만 다니다 10번째쯤 가게 주인의 호객 행위에 친구들과 나는 못 이기는 척했다.

"이모~~ 안녕하세요."

'시작해볼까? 친구들.' 한 명은 옷 가게 사장과 옷에 대한 이야기를 하면서 시선을 돌리고 두 명은 소리 죽여 괜찮은 옷들을 그 짧은 시간 스캔을 끝낸다.

마음에 드는 옷을 서로 눈짓으로 공유하고 서로 자신의 가방 밑 부분을 양손으로 잡고 살짝 들어 등 뒤에 공간을 만들어 마음에 드는 옷을 등과 가방 사이에 넣고 태연하게,

한 명의 변화, 천 명의 꿈

"이모, 다음에 오겠습니다."

가게를 나온다. 그리고 친구들과 조용하게 옆 골목으로 이동했다. 이때 마음은 물건을 훔쳤을 때 잘못된 행동이라고 생각하기보다는 '걸리면 어떡하지?' 조마조마함에서 오는 작은 스릴을 즐기고 있었다. 이때만 해도 친구들과 이런 행동을 하는 것이 그렇게 나쁘다고 생각하지 않았다. 오히려 즐기고 신이 났다. '정신 나간 놈들!' 우리의 주 무대는 남포동이었다. 1995년경만 해도 사람들은 자신이 좋아하는 노래를 듣고 싶으면 카세트테이프를 통해서 듣던 시기였다. 며칠 뒤 다시 우리는 남포동으로 이동했다. 쿵작쿵작! 7080 노랫소리가 긴장감을 배가시켰다. 그 많은 인파 속에 리어카에 수많은 카세트를 팔고 있는 노점 상인을 바라본다. 토마토소스 깡통 속에 카세트테이프를 팔고 받은 돈을 차곡차곡 넣는 모습을 친구들과 본다. 그래서는 안 됐지만 우리는 두리번두리번 노점 리어카 주변에 도착했다. 친구들은 카세트테이프를 살 듯 가수들과 노래를 상인한테 물어본다.

'하나, 둘, 셋' 아주 빠른 속력으로 토마토소스 깡통 속에 오른손을 넣어 현금 다발 한 뭉치를 꽉 잡고 느낌으로는 100미터 육상선수 이상으로 빨리 달리기 시작했다. 몇 장의 돈이 하늘로 휘날리는 듯해도 뒤도 돌아보지 않고 뛰었다.

"야~~ 거기 안 서!"

노점 상인의 목소리가 들려오는 듯했다. 한참을 목에서 피

냄새가 날 정도로 뛰고 또 뛰었다. '헉~ 헉~' 친구들과 버스 정류장에서 만났다.

"큰일 날 뻔했어. 그래도 해냈다. 와우!"

집으로 돌아가는 길, 버스 제일 뒷좌석에서 돈을 정산했다. 키득키득 친구들과 좋아하면서 이렇게 나의 도벽은 습관이 되었고 죄의식이라곤 전혀 찾아볼 수 없었다. 학교생활을 하며 과학실에 있는 딱풀 박스도 자연스럽게 훔쳤다. 그 훔친 풀을 선물처럼 우리 반 교실에 가서 친구들 한 명 한 명에게 나누어 주며 좋아했다. 이게 무슨 영웅 심리인가? 정신이 나가도 정말 나갔다. 바늘도둑이 소도둑이 되어가는 과정을 거치게 된다. 이런 일들이 몇 번 있고 반 친구들 중 한 명이 담임선생님께 우리들의 도벽 사실을 발설한 사건이 있었다. 여느 다른 날들처럼 학교에 등교해서 친구들과 수다를 떨고 있는데 반장이 내게 말했다.

"담임이 너 오래."

'무슨 일이지?' 별 생각없이 담임 선생님께 갔다.

"안녕하세요. 선생님!"

"너 잘못한 거 있지?"

주변을 돌아보니 함께 물건을 훔친 친구들이 무릎을 꿇고 앉아 손들고 있었다. '뭐지, 분위기가 심상치 않다.' 최대한 레이더를 풀가동해본다. '혹시 어제 청소 안 하고 땡땡이친 그건가?'

"예! 선생님, 어제 청소 안 하고 땡땡이친 거요?"

그 말이 끝나자마자 선생님의 손이 힘 있게 날아와 나의 오른쪽 왼쪽 뺨을 왔다 갔다 하며 천둥소리가 난 듯 지나갔다. 맞아서 아프다는 생각보다는 억울함이 더 컸다.

"선생님, 왜 이러세요?"

친구들이 나를 보고 눈짓 발짓 고개를 흔들면서 '그거 아냐. 우리 들켰어.'라고 말하는 듯했다. 상황이 심각했다.

담임은 나와 친구들의 잘못된 행동에 눈물이 보일 듯 말 듯 하며 말했다.

"내일 어머니, 아버지 모시고 와!"

단호한 목소리였다. '어떡하지?' 수업 시간이 끝나고 친구들과 집으로 가는 길에 서로 걱정만 했다.

"큰일 났다. 뭐라고 이야기하지?"

집에 가는 길이 더없이 멀고도 멀었다. 집으로 가는 마지막 신호등 앞에 신호를 기다리며 '아빠가 알면 죽는다.' 도벽의 잘못보다는 혼나는 것에 온통 생각이 몰려 있었다.

빨간불에서 파란불로 바뀌는 시간이 영원히 빨간불이었으면 했다. 무거운 발걸음으로 집 앞 문을 열고 들어갔다.

"다녀왔습니다."

"어~~ 아들 왔어, 표정이 왜 그래?"

나는 사실대로 어머니에게 자초지종을 이야기했다. 생각보다 침착하셨다. 지금 생각해보면 충격을 받으셔서 아무 말도 못 하신 듯하다.

"아버지에게 이야기하면 너 맞아 죽을 수도 있으니 할아버지랑 같이 가자."

아버지가 알면 진짜 집안에 큰 사건이 생긴다며 할아버지에게 이 사건을 이야기하고, 다음 날 함께 학교에 오셨다. 담임선생님과 친구들의 부모님과의 만남, 좋은 일이 아닌지라 부모님들은 고개를 푹 숙이셨다.

"죄송합니다. 제가 아들 교육을 잘못 시켰습니다."

한 번만 선처를 구한다며 빌고 계셨다. 이런 모습을 보면서도 미안함보다는 창피함과 '혹시나 아빠가 알면 어떡하지?' 그 생각이 앞서며 빨리 이 순간을 모면하고 싶었다.

"나쁜 일을 했고, 조치가 필요합니다."

결국 선생님은 프린트 된 A4 용지를 가지고 오시고, 한 번 더 이런 일이 있으면 퇴학 조치를 한다는 각서에 사인을 했다.

할아버지와 어머니, 나 이렇게 세 명은 조용히 점심 식사를 같이 하고 각자의 집으로 갔다. 집에 와서 어머니는 주방에 있던 식칼을 가지고 방으로 들어와서 내 손목을 잡으셨다.

"어느 손으로 물건을 훔쳤어?"

그리고 어머니는 오열하셨다.

"네가 어떻게 부모 가슴에 못을 박는 행동을 할 수가 있냐?"

처음 보는 어머니 모습과 눈물에 무릎을 꿇고 손을 맞잡았다.

"다시는 물건을 훔치지 않을게, 엄마."

울면서 약속을 했다. 어머니의 마음이 어땠을지 크나큰 불효를 저지른 사건이었다. 이때 당시에는 담임선생님에게 나와 친구들의 도벽 사실을 신고한 친구가 누구인지 찾아서 따지고 싶었지만 지금은 누구인지 기억도 나지 않는 우리 반 친구 아무개에게 고맙다는 말을 해주고 싶다. 아니면 지금까지도…… 생각만 해도 '끔찍하다.' 현재는 남의 물건은 돌같이 본다. 불효자로 어머니 가슴에 못을 박았던 사건은 다시는 절대 일어나서는 안 되는 일들이었다. 남아 있는 내 인생에 효도만 있다.

2
교차되는 생활

중학교 생활의 결과는 인문계를 가지 못하고 집에서 버스를 타고 1시간 이상을 이동해야 갈 수 있는 상업고등학교에 진학을 하게 된다. 중학교에서 안 하던 공부를 고등학교에서 내 나름 분위기 잡고 해보았다. 성적은 상위권이었다. 다들 공부를 안 하던 학생들이 모인 곳에서 받은 상위권 성적은 '조금만 공부해도 좋은 성적을 가질 수 있겠구나' 생각하게 되었고, 다음 시험부터는 공부를 하지 않았다. 쭉쭉 떨어지는 성적. 공부에는 전혀 관심 없고, 수업 시간에는 책을 베개 삼아 잠을 자고 쉬는 시간에는 1분 1초가 아까워 매점에 뛰어가는 일상이 이어졌다. 하교 후 우리 학교 학생들만 들어갈 수 있는 당구장과 피시방에서 시간을 보내고 다시 1시간여 버스를 타고 뒷좌석에서 졸면서 집으로 이동했다.

이 생활을 2년 정도 하니 '왜 잠만 자는 학교를 다녀야 하지?' 돈을 벌고 싶었다. 초등학교 때 신문배달 이후 중학교 때

피자 알바, 그리고 고등학교 때 유동인구 많은 부산 번화가인 서면 닭갈비 식당에서 아르바이트를 시작했다. 볶음밥도 직접 볶아주고 친구들이 오면 밥을 하트 모양으로 해주며 돈도 벌고 사회생활 하면서 즐기고 있는 이 시간이 좋았다. 처음 받아본 아르바이트비 삼십만 원. 기쁜 마음에 할부로 핸드폰을 사고 [당시 청소년들 핸드폰 소지자는 거의 없었음] 남은 금액 현금 20만 원을 봉투에 담아 혹시 모를 불안감에 지하철에 내려서 집까지 뛰어간 기억이 난다.

"엄마, 아빠, 첫 아르바이트비로 부모님 용돈 드립니다."

이때 처음 노동의 보람과 부모님에게 효도를 조금 한 것 같은 기분이 들어 좋았다.

삼 개월의 알바 생활을 끝내고 구매한 핸드폰은 요금 내는 것이 부담스러워 폼만 잡고 처분했다. 어느덧 고등학교 3학년 1학기. 더 학교 가기가 싫어졌다. 끝물이라 수업 시간에 선생님들께 해서는 안 되는 행동을 했다. 제일 앞자리에 앉아서 친구랑 책상에 책을 세워두고 둘이 도시락을 까먹다 눈이 마주쳐 입에 있던 음식물들이 "푸" 하고 다 튀어나온 것이다. 지금 생각해보면 선생님 입장에서 참 '어이가 없었겠구나' 싶다. 이런 경우를 제외하고는 나에게 학교는 잠자는 공간이었다. 이후 아르바이트와 노래방에서 친구들과 노래 부르고 당구 치는 생활들이 전부였다. 그게 좋았다.

3학년 2학기에는 어렸을 때부터 동네 이웃이었던 철물점 이

모에게 취업을 한다는 서류에 도장을 받아서 학교에 가지 않았다. 반 위장취업을 한 셈이다. [당시 실업계고등학교에서 학생이 취업을 하면 학교에 오지 않아도 되었음] 한 학기 동안 1시간 이상 버스를 타고 학교에 가지 않아서 좋았고 이때부터 돈이 될 만한 일을 알아보는 중 유흥업소에서 일을 하기 시작했다. 어린 나이에 돈은 벌었지만 이렇게 돈 버는 것은 아니라고 생각하고 친한 친구들과 함께 그 생활도 청산하고 집 방구석에서 뒹굴뒹굴 놀고 있는데 입영통지서가 날아왔다. '그래, 군대라도 빨리 다녀오자.'

그리고 군대 가기 전까지 빠져 지낸 낚시 생활, 아침에 눈을 뜨면 낚시 장비를 챙겨서 친구와 함께 광안리 바다에서 낚싯대를 툭 던져두고 시간을 낚았다. 광안리 놀이공원 바이킹에서의 함성 그리고 2000년에 한창 유행했던 이정현의 <와>.

"설마 했던 네가 나를 떠나버렸어."

이 노래만 한 달 이상 매일 들었다. '다른 노래도 틀어주지.' 물론 우리는 낚시가 큰 목적은 아니었다. 장대 던져두고 라면에 소주 한잔 마시는 재미로 시간을 보냈다. 입영 날짜가 다가오기를 기다리며.

드디어 그날이 왔다. 당일 어머니는 태연해 보였다. "아들, 운동 잘하고 와." 다른 부모들과 군대 보내는 아들처럼 울고불고하는 모습은 없었다. 쿨하게 손을 흔들며 서로 갈 길을 갔다. 2000년 4월, 강원도 춘천 102보충대에 입대하러 할아버지와 함께 근처에서 숙박을 하고 아침 일찍 부대 앞에서 할아버지와 사진 한 장 찍고 입대를 했다. '집 떠나와 열차 타고~~~ 입영소로 가던 날' 파이팅! 몇 주간의 신병교육대 생활이 끝나고, 나는 강원도 화천 사방거리 7사단 3연대 1대대 3중대 2소대 3분대 K-3 부사수로 발령을 받는다. 2000년, 농부 그리고 군인을 제외하고 민간인들을 볼 수 없던 강원도 화천 부대에서 이등병 계급으로 군 생활하고 있던 어느 밤, 귀뚜라미 소리와 바람 소리가 나는 산속 불빛 없는 근무 초소 안에서 상병 선임과 함께 이런저런 이야기를 나눈다. 내일이 사단에서 몇 년에 한 번 열리는 실제 훈련을 방불케 하는 큰 훈련을 앞두고 서로 마음의 준비를 하고 있는 중이었다.

초소 근무를 끝내고 뚜벅뚜벅 랜턴을 비추며 내무 막사로 이동해 조용히 선임들이 깨지 않게 장비를 풀어서 정리하고 사물함에서 조용히 컵라면과 소시지를 들고 당직사관 근무 공간으로 이동했다. 컵라면에 소시지를 먹기 좋게 넣고 뜨거운 물을 부어주고 몇 분간의 멈춘 시간을 간절하게 기다린다. '드디어 시간이 되었다.' 호~~호~ 불어가며 먹는 컵라면은 이 세상 어느 음식과도 비교할 수 없는 최고의 맛이다. 마지막 국물까지 남김없이 들이마셨다. 근무 후 양치는 사치다. 내일을 위해 내무실로 조용히 들어가서 침낭 속으로 번데기처럼 쏙~ 들어가서 잠을 청했다. 빠빠~~빠빠빠~~ 빠빠라빠빠 빠빠빠 오늘도 역시나 기상나팔이 울렸다. 이등병의 자세로 1초의 망설임 없이 자리에서 일어나서 사수인 김 상병을 깨우고 있는데 훈련 상황이 전달된다. 개개인별로 임무 수첩에 적힌 대로 정신없이 군장을 꾸리고 분대별 분대장 지휘를 받아 목적지로 이동했다.

평소에는 볼 수 없는 실제 전쟁 상황을 표현하는 사단급 훈련, 소대 탄약을 운반하는 임무가 처음이라 탄약고 주변에서 은폐하고 경계를 서고 있다가 사수의 움직임과 함께 탄 박스를 처음으로 지게에 싣고 운반을 했다. 이때 당시 신체등급이 2등급 나올 정도로 체중이 59kg으로 약한 몸이었는데 내 몸만큼 무거운 실탄 박스를 들고 이동하는데 누가 땅속에서 발을 잡고 끌어당기는 느낌처럼 발이 떨어지지 않았고 굉장히 느린 거북이처럼 한 걸음 한 걸음 목적지로 이동했다. 땀이 비처럼 흐르고 있을 때, 잠시 선임이 쉬었다 가자고 했다. 쓰러져 있는 나무에 걸터앉는데 '아뿔싸!' 탄 박스를 걸쳐야 하는데 엉덩이를 나무에 걸치고 양쪽 끈에 무게중심을 잡고 있던 양팔을 놓으니 그 무겁던 실탄 박스가 휘청 뒤로 떨어지면서 "악~~" 소리 비명과 함께 나의 허리가 꺾였다.

너무 참기 힘든 고통에 나머지 뒷부분 기억이 잘 나지 않고 훈련이 끝나고도 내무실 안에 혼자 누워서 꼼짝도 하지 못하고 한 달 이상 괴로운 24시간을 보내고 있었다. 잠을 청하려고 해도, 잠시만 허리를 틀어도 통증이 오고 눈물이 나고, 이때 눈물은 서러워서 나오는 눈물인지 정말 아파서 나오는 눈물인지 이 등병이라 마음 놓고 울지도 못하고 눈물을 참았다. 허리의 통증으로 힘들고 고통스러운데 나에게 더 아팠던 기억은 몇 명의 선임들이 나의 허리 통증을 못마땅해하며 꾀병인 것 같다며 수군수군하는 것이었다.

군대 생활은 단순해서 진지 공사하고 훈련하고를 반복하는데, 자신의 후임이 아프다는 핑계로 한 달 동안 밥 타주고 맡은 임무의 훈련도 안 하니 당연히 그 업무를 본인들이 하고 이런 일들이 반복되면서 나를 갈구기 시작했다. 이때 아무리 꾀병이 아니라고 말해도 아무도 믿어주지 않았다.

"그래, 알았어. 너 아픈 거."

비아냥거리는 목소리가 나를 더 아프게 했지만 나는 달밤에 떠 있는 달을 보며 담배 연기와 함께 혼자 눈물을 삼켰다. 20살, 뼈아프게 느껴보는 서러움이었다. 잡것들.

한 달가량 의무실에서 치료와 휴식을 취하고 안정기에 돌입하고 막사 주변 정리 후 일과 시간이 끝나고 샤워를 하는데, 비누로 머리를 감고 다리 부분에 비누칠을 할 때 왼쪽 다리와 오른쪽 다리 허벅지의 감각이 다르다는 것을 알게 되었다. 이때만 하더라도 그냥 잠시 있는 일시적인 현상이겠지 하며 며칠을 더 생활하다 계속 오른쪽 허벅지에 감각이 없자 선임에게 이 사실을 알리고 선임은 분대장, 분대장은 소대장에게 알렸다. 소대장의 조치로 사단 의무대에 검사를 받으러 육공트럭를 타고 이동하는데 신선한 바람에 기분이 상쾌하고 좋았다. 잠시 뒤

"경례! 충성!"

의무대 위병소 군인의 우렁찬 목소리와 함께 위병소를 통과하고, 대기 장소에 앉아서 이런저런 생각과 걱정으로 기다리고 있었다.

"정지호 이등병, 들어오세요!"

군의관의 말투와 행동은 지극히 권위적이었으며 병사들을 대하는 태도는 전역 후 의사 경력 쌓을 수 있는 임상실험 대상 정도의 역할이라는 느낌이었다. '기분 더러움.' 허리가 훈련 후 통증이 심했고 이후 통증이 약해졌지만 오른쪽 허벅지에 감각이 없다고 이야기하니, 이상한 표정으로 혼잣말을 하면서 주사기를 꺼내 나의 허벅지에 수십 차례 찔러 온통 벌집을 만들었다.

당시 나는 당연히 치료의 일부분이겠지 생각하고 복귀했는데 중대장이 나의 허벅지를 보고 이것은 아닌 것 같다며 따져야겠다고 했지만 이 또한 바쁜 훈련 일정으로 흐지부지되었다.

휴가 나올 때마다 여기저기 병원에서 치료를 받고 허리의 통증은 사라졌지만 지금도 오른쪽 허벅지 손바닥만큼 부위는 감각이 없는 상태이다. 일상생활에 지장이 없어 별다른 치료 없이 15년째 이렇게 지내고 있다. 시간이 지나면서 통증은 없어지고, 훈련과 휴식, 체력단련, 내무생활의 반복 연속 그리고 늦은 밤 불침번을 서면서 내무실 안쪽 한 곳에 부착되어 있는 A4

용지의 부사관 로드맵을 자주 보게 됐었다. 어느 날 관심을 가지고 자세히 읽어보니 일반 전역해서 대학교 졸업하면 나이가 26살 이상이고 학비도 비싼 현실의 로드맵과 부사관 지원하면 25살 정도 되면 직업군 생활하면서 대학도 다니고 돈도 모을 수 있겠다는 판단이 섰다. 그리고 직업군인에 관심을 두고 있던 어느 날, 행보관이 중대원들 모집 후 부사관 모집에 관한 연설 시간, 다들 관심이 없었다. 한 시간이라도 빨리 전역하고 싶어 하는데, 우리 3명의 동기들만 눈이 반짝였다. 행보관의 부사관 모집 연설이 끝나고 같이 담배 한 대 피우며 얘기했다.

"우리 부사관 지원하자."

"그래, 나도 생각하고 있었어."

3명 만장일치로 부사관 지원하겠다고 행정보급관에게 이야기했다.

"행정보급관님, 부사관 지원하면 춘천에서 대학도 다닐 수 있나요?"

"물론, 당연하지."

우린 너무 순진했다. 군인들은 당시 이수 지역이라는 깃이 있었다. 이수 지역이 화천까지인데 춘천에는 나갈 수가 없었다. 알고 보니 속은 듯.

일단 동기들과 마음의 결정을 했다. 그날따라 맛있는 저녁 식사를 하고 전투화 손질 후 선임에게 전화 통화 한다 말하고 비장한 마음으로 공중전화 박스로 슬리퍼를 끌고 뚜벅뚜벅 이동했다.

동전을 넣고 집으로 전화를 걸었다.

"여보세요? 아들!"

"어, 엄마. 잘 지내죠? 나 군 생활 조금 더 해야 할 것 같아요. 직업군인 지원하려고."

"그래, 엄만 아들 결정을 믿는다."

중학교 때부터 공부는 하지 않고, 자유롭게 지냈던 모습을 보고도 항상 어머니는 이런 말을 해주었다.

"엄만 우리 아들이 뭘 하던 잘할 거라 믿어."

이런 말이 당시 나에게는 결심에 매우 큰 도움과 힘이 되었다. 더 이상 실망시키지 않고 진심으로 부모님에게 자랑스러운 아들의 모습을 보여주고 싶었다.

"충성!"

20살 이전에는 상업고등학교를 위장취업 후 졸업하고 아무런 목표의식 없이 지내는 '자유청년'이었다. 그러나 이런저런 교차 생활을 마무리하고 20살 군 생활을 기점으로 하나하나 변하기 시작했다.

나에게 군대는 사람이 되어가는 변화의 시간이었다.

3

5년의 군 생활, 5천만 원의 종잣돈

인생에 한 번쯤 큰 도전을 하곤 하는데 이등병, 일병, 상병 생활까지 하면서 일반적으로 빨리 전역을 하고 싶어들 하지만 난 군 생활을 총 5년 이상을 하면서까지 부사관 직업군인에 도전했다. 도전한 계기는 25살 때까지 대학도 안 나온 내가 5천만 원이라는 목돈을 마련할 수 있겠다가 첫 번째였다. 21살의 어린 나이에 30명가량의 병사들을 통솔하며 리더십과 사회생활을 일찍 배우고 싶었으며, 병 생활 1년을 해보니 군 생활이 나쁘지 않다고 판단했기 때문이다.

전라도 익산에 위치한 부사관 학교에서 받는 6개월의 훈련 시간, 많으면 8살에서 작게는 1살 차이까지 나는 부사관 동기들이 모여서 훈련소 생활을 했다. 병사들을 통솔하고 지휘하는 간부들을 배출하는 교육이라 모든 전투 장비에 대한 지식과 이론들을 배우고 습득한 후 실제 각각의 장비들을 사격해보면서 실전 감각을 쌓으면서 일과를 보낸다.

"웽~~~웽~~~~~웽."

우리들처럼 태양을 원망하는 듯 연신 매미가 울고 있다. '시원한 이원음료 원샷과 함께 담배 일발 장전했으면 소원이 없겠다.'

교관들은 훈련하고 있는 우리들이 장난감이라도 되는 양, 그늘에서 모자를 눌러쓰고 호루라기로 우리를 조종했다. '악마 같은' 총에는 훈련 가서 뒹군 진흙과 온몸에는 먼지가 묻었지만 훈련 후의 자유 시간의 꿈을 간절하게 기다려본다.

"삐~~ 오늘 훈련 종료."

가벼운 발걸음으로 내무실로 들어온다. '윽! 이게 무슨 냄새지?' 온몸에서 나는 땀 냄새와 전투화 속 뜨거운 열기에 익어 있는 양말의 냄새가 급하게 먹은 점심을 다시 입 밖으로 나오게 했다. '살려 주세요.' 솔직히 훈련보다 더 힘들 때도 있었다. 이때 당시만 해도 키는 180cm에 몸무게가 59kg으로 많이 마른 체형이었다. 남들은 다이어트하는 방법을 검색했지만 나는 살찌는 방법을 검색하고 다닐 정도로 먹어도 안 찌는 체질이었다. 그런 체형에 무리한 훈련은 다른 동기생들보다 더 힘들게 다가왔다. '시간은 간다.' 시간이 흘러 6개월 뒤 인생에서 매우 자랑스러운 순간이 다가왔다.

중, 고등학교 방황하던 시절을 청산하고 대한민국 육군 부사관, 하사 임용식이 있던 날 부모님께서는 전날 익산에 오셔서 숙박을 하시고 임용식에 오셨다. 하늘이 맑고 구름 한 점 없는 이날 깔끔하게 군복을 차려입은 부사관 동기생들 몇백 명이 늠름하게 행사장에 서 있고, 부모님들 앞에 모시고 우렁차게 선서를 외친다.

"선서! 우리는 대한민국 자랑스러운 부사관이다."

옆에는 우리를 6개월 동안 괴롭힌 교관들이 웃으면서 서 있는데 이상하게 밉지 않았다. 교관들에게 오히려 고마운 마음이 더 크게 다가왔다. '왜지? 이게 전우애라는 건가? 아냐, 그래도 밉다.' 아버지와 어머니는 나에게 꽃다발을 주면서 많이 자랑스러워하셨고, 하사 모자도 써보시며 같이 사진을 찍을 때 부모님의 행복해하는 모습이 아직도 생생하다. 자랑스러운 아들의 모습을 보여준 듯해서 진심으로 뿌듯했다.

보통 부사관이 되면 자신이 병 생활했던 자대로 다시 배치받아서 임무를 수행한다. 나 또한 같은 대대로 발령이 나서 병 생활 때 함께했던 선임들을 만나러 갔다. 이등병 때 내게 잘 챙겨줬던 선임, 나를 괴롭혔던 선임들은 서로 각기 다른 표정으로 나를 반겼다.

"○○병장, 이리 와봐."

웃으면서 나의 선임을 불렀다. 선임의 표정이 어색하다. 군대는 계급이 깡패라고 순순히 따라왔다.

"형님, 지금은 내가 계급이 높으니 전역하실 때까지라도 서로 잘 지내자고요.”

“알았어. 지호야.”

기분이 이상하다. 계급사회인 군대에서 진짜 간부가 된 것을 느낀 순간이었다.

병 생활도 이등병들은 힘들지만 부사관들 세계에서도 초임 하사들은 이등병보다 훨씬 더 힘이 든다. ‘왜 간부가 힘들지?’ 라고 생각할 수도 있지만 꼴에 간부라고 부소대장이나 소대장의 직책을 받아서 나보다 나이가 많은 병사들을 인솔하고 지휘해야 한다. 21살의 하사를 그렇게 반겨주는 군대는 거의 없다. 일과 시간에는 병사들에게 치이고 선임들 분위기 파악하고, 퇴근 후에는 BOQ에서 호실별로 돌아다니며 인사를 했다.

“단결! 퇴근했습니다. 똑! 똑! 똑! 단결! 퇴근했습니다.”

모든 선임들에게 퇴근 보고를 하는 생활을 반복했다. ‘진퇴양난이 이럴 때 쓰는 말일 거야.’ 퇴근 후 BOQ에서의 군기는 병 생활 군기 이상이었다. 이렇게 21살, 22살 지나면서 부사관 생활에 적응도 하고 선임들과 함께 어떻게 어울리며 지내야 할지 노하우가 생겼다. ‘짬밥.’

나도 밑으로 부사관 후임들이 들어오면서 중대에서 그 나름 위치에 올랐다. ‘그게 무슨 소용인가?’ 같은 중대에 있는 선임 중 일과 시간에도 괴롭히고 퇴근 후 같은 방에서도 괴롭히는 선임이 있었다. 모든 후배들을 괴롭히는 선임, 하필 퇴근 후 같이 잠을 자는 룸메이트가 그 선임이다. 괴로움의 연속인가, '이건 아냐.' '매번 당하고 살 순 없지.' 다짐하고 있을 때 역시나 막사에서 자신이 가지고 오라고 한 보급품을 안 가지고 왔다고 화장실에 불러 갈구기 시작했다. '에라, 모르겠다.' 참고 참다 대들었다.

"나에게 왜 이러시냐고?"

음성을 높이고 격앙된 목소리로 이야기를 하니 선임 표정이 깜짝 놀라며

"어~~."

나는 더 몰아갔다. 화장실 문을 열고 행정보급관이 작업하고 있는 곳으로 일부로 위치를 잡고 더 대들었다. 눈치 빠른 선임은 행보관이 보고 있다는 것을 알고 나를 타이르는 척하면서 위병소를 지나 개울가를 건너서 나를 보고 말했다.

"정 하사, 미쳤냐? 왜 그래? 내가 섭섭하게 한 거 있냐?"

'웃긴다. 진짜 모르는 걸까.' 평소 같으면 더 괴롭힐 타이밍에 한 발을 빼는 선임에게 하극상을 한 듯해서 미안한 마음도 들고 주변을 돌아보니 개울가에 큰 돌들이 많이 있었다. 엉덩이만 한 짱돌을 들고 선임에게 주며 말했다.

"선임하사님, 제가 하극상을 한 것 같다. 죄송하다. 이 짱돌로 나를 쳐라, 대신 오늘 상황은 다른 사람들에게는 말하지 않겠다."

"정 하사, 왜 그래~~ 그러지 마."

선임은 뒷걸음질을 치며 나를 달랬다. 이번에 미친놈 같은

나의 행동 이후 역시나 그 선임은 다른 후배들은 괴롭히고 다녔지만 나는 건드리지 않았다. '이럴 줄 알았으면 2년이나 참고 있는 것이 아니었는데.' 이렇게 소대장으로 리더십도 기르고 퇴근 후의 생활도 그 나름 만족을 하면서 하루하루를 보냈다. 우리 대대 각 중대별로 병 생활을 할 때 동기들이 한 명씩 부사관 지원해서 들어가 있는데 부사관들 중에서도 우리 동기들의 활약이 뛰어난 편이었다. 태도, 실력, 리더십 등 전반적으로 우수했다. 어느 날 대대장의 호출이라면서 중대장이 얼른 가보라고 했다.

"자네, 유격 교관 한번 해볼 생각 있나?"
"예! 해보겠습니다. 단결!"

군 생활을 하면서도 남들이 꺼려하는 산악 유격 교관을 추천받아서 도전했고, 많은 병사들을 울렸다. '미안하다. 진심으로. 그렇게 괴롭힐 생각은 아니었는데 너무 교관임무에 몰입했다.' 내 나름 AM인 듯, FM인 척 군 생활을 병행했다. 병사들과 연말 행사 때 보통 병사들끼리 장기자랑을 하는데, 나는 간부, 병사와 함께 난타 공연을 기획해서 장기자랑 최우수로 뽑혀 상품과 함께 몇 장의 포상휴가를 받아 소대원들에게 풀었다. 까칠한 소대장이었지만 내 나름 병사들과 친하게 지내려고 했다.

군 생활하면서 다양한 에피소드가 있지만 뇌물에 관련된 사건을 이야기해본다.

군 생활 4년 차 소대장 생활을 할 때 위병소에 이등병 소대원 부모님이 왔다. 인수인계하고 위병소에 있는데 소대원의 아버지가 차에 잠시 타라고 해서 탔더니 이런저런 이야기와 함께 고생한다며 본인도 공무원 출신이라면서 자신의 아들을 잘 부탁한다고 현찰 다발이 들어 있는 봉투를 나에게 주었다. 처음에는 놀라서 몇 번을 공손하게 거절했지만 병사 아버지가 계속 완강하게 밀어붙이는 바람에 일단 받고 차에서 내려서 아들(소대원)과 대화 중인 어머니를 잠시 불러 아버님께 받은 돈을 드리며

"제가 군 생활하고 있는 동안은 책임지고 아드님 잘 보살피겠습니다."

약속을 하고 그 돈을 돌려줬던 기억이 있다. 당시 부사관 선배에게 에피소드를 이야기했다.

"멍청한 놈, 한번 빼는 척하면서 받았어야지."

선배는 나를 바보 취급했지만, 이 당시 상황을 통해 나의 가치관이 명확하다는 것을 알았고 평소 검소하고 정직한 부모님의 영향이 컸다고 생각했다. 다시 그 상황으로 돌아가더라도 돈을 돌려줬을 것이다.

병 생활 포함해서 군 생활을 총 5년 12일을 했다. 그 기간 동안 내 나름 하나의 목표가 있었다. 종잣돈을 만들어서 전역하자. 어떻게 25살의 나이에 5천만 원의 돈을 모았는지 그 노하우를 공개해본다. 2019년 부사관 직업 임금 부분을 확인하면 (조사연도 2018년 기준) 부사관 하위 연봉 2,858만 원에서 부

사관 중위 연봉 4,017만 원 정도 받는다고 한다. 임금이 많이 올랐다.

2001년 당시 현역 하사 초봉 월급이 내 기억으로는 99만 원이었는데, 그때 당시 부사관 하위 연봉이면 100만 원 잡고 곱하기 12개월 하면 1,200만 원. 기타 성과급과 훈련수당들도 많이 있었다.

내가 상병 생활을 하던 시기에 부사관 되기로 결심하고 받은 금액이 586만 원이었다. 여기 14만 원을 보태서 부모님께 600만 원을 송금했다(상서 우체국). '갑자기 586만 원은 무엇인가?' 부사관 되기로 하면, 부사관 합격하면 주는 돈인가요? 아니다. 나는 처음부터 부사관으로 군 생활을 한 것이 아니라 육군 보병으로 이등병, 일병, 상병(조기 진급)까지 있다가 직업군인을 선택했다(지금 생각해도 나의 인생에서 가장 잘 선택한 중요한 시점). 그 1년간 병 생활했던 노력과 시간을 직업군인 시간으로 인정해주어 환급받은 돈이다. 이때 당시 이등병 때 100원 가지고 가면 1만 원을 받던 시기였으니 큰 금액이다. 지금은 병사들 월급도 많이 오른 것으로 알고 있다(보급품 88담배에서 디스 군용 담배로 이동하던 시절). 실제 군 생활은 2000년 4월부터 2005년 4월까지 했으니 5년인데 병 생활 1년을 그냥 부사관 월급으로 환산해서 받았다고 이해하면 된다. 내가 부사관 한다고 했을 때 어머니의 의견은 이러했다.

"월급의 50%는 저축하고 나머지는 쓰는 게 나중에 종잣돈도 모으고 전역해서 하고 싶은 일도 하면 좋지 않겠냐.”

나는 그때부터 하사 때 받은 월급 약 100~120만 원가량 중 60만 원을 저축했고, 12개월이면 720만 원, 호봉이 오르면 조금 더 넣었고, 중사 진부터(중사) 매년 1,000만 원 이상 저축했다. 솔직하게 군인들은 돈 쓸 일이 일반인들보다 많이 없다.

숙식 제공과 의식주 부분에 많은 혜택을 받으면서 생활하기 때문이다. 청소년들과 강의를 하다 보면 초반에 강사 소개를 하면, 이렇게 말하곤 한다.

“나는 25살에 직업군인으로 5천만 원을 모았다.”

진실일까? 거짓일까? 물으면 대부분 거짓이라고 이야기한다. 그럼 얼추 계산해보자. 처음 병 생활 환산해서 받은 586만 원(약 600만 원)+하사 1호봉 700+하사 2호봉 800+중사 진 1,000+중사 1,000=4,100만 원이다. 심플하게 4천만 원이라고 한다면 ‘5천만 원을 저축했다더니? 그럼 1천만 원은 어디서?’ 전역할 때 퇴직하면서 받은 돈과 기타 군인연금 계산해서 1천만 원 조금 더 받았다. 그럼! 4천+1천=5천만 원! 내가 전역할 때가 2005년 4월이었고, 나이는 25살!

“나는 25살 직업군인으로 5천만 원을 모았다.”

사실이다. 지금 부사관 하위권이 약 연봉 3천이니 와우! 지금 시대 들어갔으면 8천만 원 이상 가능할 듯하다. 청소년들에게는 다양한 직업이 있고 꼭! 고등학교 이후를 대학교로 선정하기보다 자신의 흥미와 재능, 관심을 찾아서 선 취업 후 진학

하는 방법도 있다는 것을 알려준다. 취업캠프 교육을 가면 "중소기업이든 대기업이든 월급(연봉)을 받으면 최소 50% 이상은 저축과 투자를 하고 나머지는 나를 위해 주변 사람들을 위해 사용하면 좋다."라고 말한다.

똑같은 취업준비생 27살의 10년 후는 일단 50%를 저축했냐 아니면 다 사용했냐? 통장의 잔고에서 확실하게 드러난다. 나는 솔직히 60% 이상 저축했다. 당시 같은 나이 친구들과 휴가 나오면 저축한 돈을 제외하고도 주머니 가볍던 친구들에게 1, 2차는 걱정 없이 베풀었던 기억이 난다. 마음만 먹으면 혼자일 때 모을 수 있는 것이 돈이다. 결혼하고 아이가 생겨 가장이 되면 돈을 많이 모으기란 쉽지는 않다. 군 생활을 꾸준하게 했다면 돈은 더 많이 모았을 것이다. 군 생활 중 마지막 가장 잘한 선택은 전역이었다. 많은 선임들이 전역보다 장기 지원 했으면 좋겠다고 붙잡았지만 사회에 대한 목마름과 기대감으로 수중에 5천만 원 들고 5년간 군 생활을 마무리하며 전역했다.

4
다시 찾은 일들

    아직도 생생하게 기억이 난다. 고등학교 3학년 수업이 끝나고 검은색 교복을 입은 5명의 친구들과 함께 골목 안 원불교 앞에서 한 첫 흡연 경험! '아~~ 뭐지.' 한 모금 빨고 두 모금째 어지러워서 그 자리에 주저앉았다. 그만큼 담배는 내 몸에 빨리 흡수되었다. 낚시 갈 때, 화장실 갈 때, 군 생활하면서 4년간 산속에서 야간 훈련하면서도 헬멧을 가슴 안쪽으로 하고 헬멧에 담배를 넣어 불빛이 새어나가지 않게 맛있게 피웠다. 이때만 해도 몸무게가 59kg이어서 매일매일 하루 네 끼를 먹으면서 살을 찌우려고 하던 시기였다. 고3 때 배운 담배로 인해 기침과 가래가 끓었고 바닥에 잠시라도 누워 있으면 바닥의 찬 기운과 흡연 습관으로 기침이 너무 심하게 났다. 그래도 끊을 수 없었다. 이놈의 담배를.

    군 생활 4년 차 되는 어느 날 소대원들을 다 불러댔다.

"야, 오늘부터 담배 끊는다. 만약 소대장이 담배 피우는 모습이 보이면 적발한 소대원에게 10만 원 벌금 쏜다."

"와!"

며칠 뒤 딱! 걸렸다. PX에서 10만 원어치 다양한 먹을 것을 사서 소대원들 배를 채웠다. 그렇게 몇 번을 반복하니 '담배는 평생 못 끊는 건가?' 금단증상이라는 것은 생각 이상으로 고통스럽고 힘들었다. 어느 날 완장을 차고 야간에 당직 근무를 서고 있었는데 어머니 생신이라 전화를 했다.

"어머니, 잘 지내시죠? 이번 생신 때는 어떤 선물 받고 싶으세요?"

"어, 다른 선물은 필요 없고 아들 담배 끊었으면 좋겠네. 엄마가 기도하고 있어."

"알겠어요. 끊어볼게요."

군 생활을 할 때는 면세로 살 수 있는 것들이 많았다. 매번 부산에 사시는 부모님께 필요한 생필품들이 있으면 명절 포함해 특별한 날에 선물을 보내드리곤 했는데 '나의 금연을 선물로 받으시겠다'고 하신다. 당직을 하면서 담배 한 개비를 테이블에 톡! 톡! 치다가 망설임 없이 당직 서고 있는 병사에게

"담배 너 펴라."

던져주고 그날부터 끊었다. 진심으로 이상했다. '금단 증상이 없다.' 2004년에 금연을 시작해 15년이 흘렀다. 2005년 전역할 당시 금연을 하고 살을 찌우기 위해 하루에 네 끼를 챙겨 먹은 결과 59kg 몸무게에서 최대 86kg까지 찌면서 완전히 다른 사

람이 되었다. 새우깡처럼 말라 있던 몸은 흔히 후덕해 보인다 할 만큼 살이 올라와 있었다. '나에게도 이런 모습과 이런 날이 오다니.'

나는 듬직한 모습으로 전역을 했고 새로운 일자리가 필요했다. 군에서 모은 5천만 원을 종잣돈으로 작은 가게를 차리고 싶었다. 벼룩시장과 다양한 루트로 부전시장 도매 옷 파는 곳에 1분의 짧은 면접을 보고 일을 하기 시작했다. 일반 옷 가게와 도매 옷집은 확연하게 다르다. 옷 가게에서 팔기 위해 사장들이 우리 가게를 찾아서 도매로 사서 본인 가게에서 파는 것이다. 물론 일반 소매로 사시는 분들도 종종 있지만 도매로 옷을 팔다 보니 박스 단위로 옷을 파는 경우가 많고 주문이 들어오면 전국으로 택배 물량을 보냈다.

군 생활 전역 후 첫 사회생활 일터여서 그런지 열정이 넘쳤다. 새벽 일찍 샤워를 하고 버스를 타 부전시장으로 이동했다. 누가 시키지도 않았지만 닉네임을 단 명찰을 하고 빼곡한 시장 3평 남짓한 가게들이 밀집되어 있는 그 공간을 빗자루로 쓸고 닦았다. '저놈 뭐 하는 놈이고.' 처음에는 시장 상인들 모두 신기하게 생각했다. 지하창고에 재고와 옷 박스들을 사수와 정리하고 또 다른 창고에서도 계속 무거운 옷 박스를 나르기를 반복했다. 내가 생각하는 옷 장사가 아니었다. 서울에서 옷이 들어오는 날이면 공터에 티라노사우루스같이 큰 덤프트럭이 들어온다. 이놈의 배를 까보면 몇백 개나 되는 옷 박스들이 들어 있다. '상상도 하기 싫다.' 하필 장대비가 쏟아지는 이날 운전기 사님 포함 3명이서 창고로 나르기를 반복했다. 이게 땀인지 비 인지 구분도 안 가는 생활의 반복. '이건 나의 길이 아니다.'

그렇게 아침 일찍 청소하고 열심히 일했던 나는 일하는 형님 에게 집안 핑계를 대며 그만둔다고 했다.

그만두지 않고 일을 했으면 3년 뒤의 모습은 옷 가판에 올라 가서 사장들과 가격 흥정하며 열정적으로 옷을 팔고 있는 모습 이 그려졌다. 그런데 내가 생각하는 옷 가게의 모습과는 조금 달랐다.

일을 그만두고 백수로서의 삶도 충실하게 임했다. 어느 날 전화 한 통이 왔다.

"지호~~ 잘 지내지? 요즘 어떻게 사냐?"

강원도에서 함께 군 생활했던 중대장의 전화였다. 성인오락 실을 운영하고 있는데 돈 관리하면서 책임자를 해주었으면 한 다고 일터가 부산이 아니라 숙소까지 잡아준다고 했다. 성인오 락실이지만 군 생활 함께 했던 형님의 부탁이고 해서 수락했다.

숙소에 있었지만 부산을 왔다 갔다 하는데 교통도 불편하고 해서 아버지 지인분이 운영하시는 중고차 딜러에게 아주 오래 된 흰색 세피아 차량을 300만 원 주고 나의 첫 차를 샀다. 운전연습도 하면서 막 탈 수 있는 차량이었다. 이 차에 몇 장의 옷과 속옷을 챙겨 용원으로 이동했다. 성인오락실 도착, 문을 열고 들어갔다. 영화에서 봐왔던 딱! 그 모습이었다. 자욱한 담배 연기에 틈틈이 들리는 욕설과 환호성 그리고 한탄과 낙담, 30대 정도의 기계를 돌리면서 나는 여대생 아르바이트생과 함께 가게를 운영했다. 용원 근처에는 공단이 많이 있는데 점심시간 짬을 내서 일하던 복장으로 많은 사람들이 게임을 즐기러 왔다. 중간중간 많은 사람들 중에 잭팟 터지면 화려한 음악 소리와 함께 일제히 주변에 게임하고 있던 사람의 부러움을 한 몸에 받는다. 가끔씩 온몸에 문신을 한 형님들이 오곤 하는데 아르바이트생에게 치근대는 것이다. 엉덩이를 만진다고 아르바이트생은 내게 와서 말했다.

"오빠, 저 사람이 계속 치근댄다고."

군 생활 5년을 했지만 나는 힘이 없었다. 영화에서는 그 깡패에게 가서 대부분 이렇게 말한다.

"야~ 왜 우리 구역에 와서 지랄이야."

싸움판을 벌이겠지만 그건 영화다. 조금 없어 보여도 일을 크게 만들고 싶지 않았다. 한 명도 아니고 하여 현명하게 바로 형님에게 연락해서 이 상황을 보고하고 바통을 넘긴다. 내가 할 수 있는 최선의 행동이다.

3개월쯤 일도 손에 익고 주변 사람들을 관찰하는 습관이 생겼다. 공단에서 일하는 근로자들 무리 중 한 명이 말했다.

"이런데 왜 와? 가자~ 술이나 먹자. 돈 아까워."

　계속 게임을 하던 지인들을 도박 못 하게 막고 있었는데, 언제 한번 옆에 앉아 기다리기가 지루했는지 옆에 있던 친구가 게임머니를 앉아 있는 자리에 넣어주고 버튼을 눌러줬다. 그런데 이게 문제였다. 그렇게 많은 돈을 넣고 게임을 돌려도 걸리지 않던 기계가 말리러 온 이분에게 잭팟이 터져서 많은 돈을 챙긴 것이다. '지금도 이분의 환희에 찬 표정이 생생하다.' 옆에서 지켜보던 나는 그렇게 게임을 하지 말라고 지인들을 말리던 분의 모습에서 이후 지인들이 없더라도 혼자서 게임을 열정적으로 하는 그분의 정반대되는 모습에서 도박의 중독성에 대해 다시 생각했다. 오른손에 장미 문신한 지질한 양아치 같은 손님은 게임이 잘되지 않을 때는 나에게 비굴하게 게임 충전을 부탁했고, 몇 날 며칠을 시무룩하게 있다가 한 번 터질 때는 그 어깨가 한라산 이상으로 커지면서 목소리는 웅변이라도 한 듯 하늘이 떠나갈 듯 기뻐했다. 게임을 하던 모든 사람들에게 박카스를 돌리라며 나에게 적지 않은 현금을 주었다. 참 재미있는 곳이다. 더 이상 이곳에 있기 싫어졌다.

　"형님, 이번 주까지만 할게요."

　아무리 돈을 많이 번다지만 나에게는 맞지 않는 일터였다. 인생의 다양한 경험 속 그렇게 좋은 추억은 아니었지만 가끔씩 옆 가게에서 야구방망이로 기계를 부수는 소리도 났고, 일을 그만두고 대대적으로 나라에서 불법 성인오락실 단속 시즌이 있었고, 유명했던 성인 오락실은 막을 내렸다.

당시 오락실 근처 원룸에서 생활했던 나의 숙박 공간은 친구들의 아지트였다. 중고차를 타고 주변을 여행하며, 베란다가 없는 숙소에서 숯불을 피워 고기에 소주 한잔 걸치고 연기에 취한 건지 술에 취한 건지 이런 생활을 마무리한다. 일도 그만두고 숙소 키도 반납하며 다시 부산 집으로 이동했다. 집 소파에 누워서 아무 생각 없이 TV를 주구장창 보며 다음 일을 찾기 시작했다.

5
돈 많이, 적게 버는 직업의
두 가지 경험

사람마다 직업을 선택할 때 기준점이 있다. 안정적인 직업, 인기 있는 직업, 경제적으로 자유로운 직업, 즐겁게 일할 수 있는 직업, 미래에 유망한 직업, 보람 있는 직업, 재미있는 직업 등 우리나라에만 2017년 기준 15,936개의 직업이 있다고 한다. 직업이 너무 많아서 그런 걸까?

우리는 직업을 선택할 때 많은 고민을 한다. 사실 주변 사람들과 학생들에게 물어보면 우리나라의 직업이 몇 개인지 아는 사람은 많이 없다. 그냥! 어떻게 하다 보니 우연하게 그 일을 하고 있는 사람과 진심으로 그 일을 원해서 하나하나 준비하면서 꿈을 이룬 사람 두 가지 부류로 나눌 수도 있다. 후자의 경우는 축복받은 케이스다. 내가 진심으로 원하는 일을 찾는다는 것은 스스로 좋아하는 것이 무엇이고, 잘하는 것이 무엇인지, 나의 강점을 명확하게 파악하고 있기 때문이다. 진로교육을 하

한 명의 변화, 천 명의 꿈

고 있는 나도 후자의 경우면 좋겠지만 나는 우연하게 여러 가지 일을 하다 보니 현재의 직업까지 왔다.

"왜 크리에이터가 되고 싶니?"
학생들에게 물어보면
"게임 좋아해서요."
"돈 많이 벌잖아요."
라는 대답이 많이 나온다. 하지만,
"내가 관심 있는 내용을 영상이라는 매체로 사람들과 소통하고 싶어서요."
이렇게 답하는 친구는 많이 없다. 돈, 우리에게는 없어서는 안 될 존재이다. 그런데 돈이라는 것이 개인적으로 살아가는데 수단이 되면 좋은데 돈이 목표가 되면 많이 가지고 있는 사람들과 비교하면서 힘들어한다.

여러분은 내가 원하는 직업이 아니지만 돈을 많이 버는 직업과 돈은 적게 벌지만 정말로 내가 좋아하는 일이 있다면 어느쪽을 선택하겠는가?
"좋아하는 일을 하면서 돈도 많이 벌면 좋잖아요!"
맞는 말이다. 그냥 내가 좋아하는 일을 하는데 돈도 많이 벌수 있다면 최고의 선택이 아닐 수 없다. 군 생활 이후 중대장의 소개로 일한 곳인 성인오락실, 25살의 나이에 몇백 만 원이상의 월급과 하루하루 보너스로 받는 팁은 또래 나이, 주변

의 친구들보다 2배 이상의 수입을 벌었다. '돈 많이 벌면 좋잖
아!' 딱! 3개월 일했지만, 이때까지 살아오면서 사람들의 가장
원초적이고 욕심 가득한 모습들을 눈앞에서 제일 많이 본 시간
이었다. 오로지 돈! 돈! 돈! 따면 좋아서 죽고, 돈을 잃으면 가
슴 아파서 힘들어하는 모습의 반복! 물론 여유가 있는 사람들
은 재미로 즐기기도 하지만, 보통 그렇지 않은 사람들이 게임
장을 많이 찾는다. 아르바이트생을 추행하는 양아치 고객, 열
심히 공장에서 땀 흘려 번 돈을 탕진하는 노동자의 모습, 그리
고 동네 형님들의 이권 다툼은 내가 본 3개월간의 모습이다.

업장 영업이 끝나면 나는 바퀴가 달린 의자에 무릎을 꿇고
30대 이상의 게임기를 하나하나 돌아가며 열쇠로 오픈한다. 그
리고 전체 게임기를 열고 오늘 게임장에서 울고 웃었던 사람들
의 돈다발들을 다시 한 바퀴 돌면서 박스에 차곡차곡 모아서
사장에게 준다. 사장은 은행에서나 볼 수 있는 현금 계산 기계
를 가지고 '스르르르' 오늘의 매상을 정리한다. 돈이 어마어마
하다. 오늘 장사가 잘돼 현금 뭉치들이 많으면 나에게도 수고
했다고 하루 일당이 추가적으로 들어온다. 이게 다 돈이 목적
인 삶!

'다시 하라고 하면 하겠냐고?' 절대 하지 않는다. 나중에 알
게 된 거지만 사람들은 직업을 선택하는 데 기준점이 있다는
것과 직업윤리 의식에 맞게 행동할 때 보람이 있고 행복하다는

것을 알았다.

두 번째 일터는 광안리 바다 근처에 위치한 편의점 알바였다. 혼자서 업장을 관리하는 면에서는 성인오락실과 비슷했지만 살아 움직이는 생동감과 현장감이 나에게 큰 보람으로 돌아왔다. 전 시간 근무자와 금액과 잔돈들을 정리해 인수인계를하고 매장에 배치되어 있는 물건들을 하나하나 채워 넣고 유통기한이 지난 삼각김밥 식품들을 정리하면서 하루가 시작된다. 가장 많이 오는 손님들은 주변에서 일하시는 분들이 찾는 담배가 1순위였다. 편의점 일을 하다 보면 어떨 때는 사람이 왕창몰리고 어떨 때는 거의 사람이 없어 책을 보든지 핸드폰을 만지든지 하는 경우가 있다. 이 일을 하면서 사람들을 관찰하는습관이 생겼다. 이 사람은 오늘 무슨 옷을 입고 어떤 담배와물건을 사는지, 혹 오늘 표정이 좋지 않으면 '안 좋은 일이 있나?' 혼자 여러 가지 생각을 하는 습관! 다른 편의점들은 안 해봐서 모르겠지만 유독 광안리 해변 주변 안쪽인 이곳에는 정장을 입고 오는 손님들이 다수가 있었다.

얼핏 봐도 나이는 50대 이상이다. 알고 보니 회사에서 잘렸는지 명예퇴직을 했는지 퇴직하신 분들이 집에서는 "아빠 회사다녀올게." 하고 갈 때가 없으니 바닷가를 걸으면서 이런저런생각들도 하고 커피 한잔 생각은 나는데 커피숍에서 혼자 쓸쓸하게 비싼 돈 내고 마시기는 그렇고 편의점에서 천 원짜리 달

달한 커피를 타서 다시 바닷가로 향하는 것이다. 우리나라 대한민국 가장의 씁쓸한 모습과 한편으로는 열정 다해 일한 회사에서 나와 다시 또 다른 열정을 찾기 위한 시간을 가지는 모습. 그분들도 대화할 수 있는 대상을 찾았고 나 또한 일하면서 심심할 때 붙임성 좋게 그분들에게 먼저 이야기를 붙이는 습관이 들었다.

"안녕하세요? 어르신, 제가 고민이 있는데 이야기 가능하세요?"

대부분 시간도 많으시고 혼자 편의점에서 커피 마시면 심심하신지 나의 고민을 들어주었다.

"제가 직업군인 생활을 했고 이런저런 경험 끝에 대학교 갈지 말지 고민하고 있습니다."

그러면 대부분 대한민국 사회에서 요구하는 인재상은 대졸자이고 인맥적인 부분에서도 대학을 가기를 추천했다.

나는 장사를 하고 싶다고 해도 해당 분야 대학을 전공하고 장사를 해보라는 이야기가 주였다. 이렇게 이분들도 말동무를 하며 시간을 보내서 좋았다. 나 또한 살아서 움직이는 백과사전과 같은 분들과의 대화가 아주 의미 있고 소중한 시간이었다. 그때까지 대학이란 내 인생에서 불필요한 시간이었다면 이때 상담을 통해서 대학의 중요성과 호기심이 나를 캠퍼스로 안내했다. 이렇게 물건을 정리하고 사람들과 이야기하다 보면 배가 고파온다. 편의점에서 먹을 수 있는 식대를 주는데 나는 사장이 허락한 유통기한 지난 삼각김밥과 컵라면으로 식사를 대신하고 그 식대는 그대로 챙겼다. 작지만 소중한 나의 아르바이트비.

지금 이 글을 쓰면서 2006년 1월 28일에 받은 월급봉투 사진을 보고 있다. [3개월간의 알바를 마치며 마무리 또한 잘한 것 같다. 조금씩 배워가자]

"포시즌 사모님, 감사합니다."

편의점에서 여러 가지 경험, 서비스 정신을 배움이라고 적은 봉투, 312,920원의 월급 뒷자리 20원까지 소중한 나의 일터였다. 성인오락실에서 일한 금액 면으로만 비교를 하면 10분의 1도 되지 않는 돈이었지만 그때보다 100배는 보람 있고 의미 있는 시간이었다. 몇 달 뒤 편의점 사장에게 전화가 왔다.

"혹시 며칠 시간 되나? 아르바이트비는 두 배로 쳐줄 테니."

알고 보니 부산 불꽃축제가 처음으로 열리는 시즌이었다. 아르바이트를 수락하고 당일 보통 혼자서 일했던 이곳이 전투태세로 사장과 나 두 명이서 카운터를 지키고 있었다. 바로바로 현금 응대할 수 있는 잔돈들을 잔뜩 준비해서 기다리는데 점점 축제 시간이 다가올수록 좀비 때처럼 인파들이 몰려왔다. 딱! 축제를 하러 가는 길목에 편의점이 위치해 있었다. 거짓말 안 보태고 30평 정도 되는 편의점에 인기 연예인 콘서트 장소처럼 빼곡히 다 차 있었다. 사장은 신나는 비명과 함께 쉬지 않고 나와 돈 계산을 했다.

"삑! 그리고 다음~!"

뒤쪽에 있는 거울로 청소년들이 사람 많은 틈을 타서 계산하지 않고 물건을 가지고 나가는 모습도 보였지만 잡을 틈도 없었고 사장도 눈감아 주었다.

"삑! 삑!"

바코드 소리가 온종일 울렸다. 말로만 듣던 대박 난 집이었다.

"수고했어. 여기 일당 두 배."

누군가 나를 인정해주고 필요로 한다는 것과 짧은 시간이었지만 수당을 두 배로 받아서 뿌듯했다. 사람은 적응의 동물이라고 했나, 다음 해 축제 때도 알바를 부탁 받았는데 한 번 축제에 왔던 분들은 삼삼오오 도시락과 먹을 것을 집에서 잔뜩 준비해 오는 것이었다. 사장과 나는 작년의 기억을 추억 삼아 스탠바이하고 있었는데 파리만 날렸고, 나와 사장은 서로 어색하게 서 있었다. '와~ 이럴 수도 있구나.' 시장의 흐름과 돈의 흐름은 냉철했다. 그래도 작년과 동일하게 아르바이트비를 두 배로 받았지만 저번처럼 손님들이 몰려오는 뿌듯함은 온데간데없고 '이 돈을 받아도 되나?' 싶었다.

돈 많이 버는 일과, 적게 버는 직업의 두 가지 경험을 통해 조금 삶의 지혜가 생기는 듯했다.

6

26살 만학도 대학 생활

대학은 정말 필요하고 가고 싶을 때 가는 대한민국 문화가 되었으면 한다. 고등학교를 졸업하고 대학을 가면 그 등록금을 부모님들이 대부분 납부해준다. 가끔 철든 친구들은 학자금 대출로 사회 초년생부터 빚을 지고 시작을 하기도 하지만 나는 실업계고등학교 출신으로 대학 갈 생각도 없었고 친한 친구들도 대학을 나온 친구들이 1명 빼고 없다. 그만큼 우리들에게는 대학이라는 존재가 인문계 학생들처럼 꼭! 고등학교 이후에 거치고 가야 하는 관문이 아니었다. 고등학교를 졸업하고 모든 정규과정을 끝내고 공부를 안 해도 된다는 해방감? 사실 고등학교 때도 공부를 안 했지만 뭔가 소속되지 않고 억압받지 않아도 된다는 그거 하나로도 19살 나이에는 충분히 자유를 만끽할 수 있었다.

군 생활을 5년간 하면서 대학의 필요성을 느꼈나? 전혀 느끼지 못했고 사회에 나와서도 대학 갈 생각은 눈곱만큼도 없었다.

다양한 경험 속에 시작한 편의점 알바, 손님의 모습을 관찰하고 있는데, 뜨거운 커피를 호호 불어가며 마시는 중년의 가장. 딱! 한눈에 차림을 보고 이분도 바다를 보러 온 퇴직자 느낌이 났다.

"안녕하세요!"

카운터에서 아주 반갑게 인사를 하니 고개를 끄덕이시면서 인사를 받아주신다. '이때다.'

"제가 외식 쪽으로 장사를 꿈꾸고 있습니다. 장사를 하는 데 대학교 학위가 필요할까요? 아니면 바로 밑바닥부터 배워서 장사를 하는 것이 좋을까요?"

이런저런 이야기들을 주고받는데 많은 사람들이 이야기한 것처럼 아저씨가 말한다.

"나이가 26살이면, 한창인데 무엇을 걱정하세요! 대학을 나온다면 장점이 무엇일까요? 외식업 쪽 전문 기술과 능력을 구비하고 교수님 포함 그 분야의 전문가들을 많이 알고 지낼 수 있으니 학위도 따고 장사를 하는 데 아주 큰 밑거름이 될 듯합니다."

다른 분들과 다르게 나를 조금 더 솔깃하게 설득시켜 주는 분이었다.

내가 잘하는 것 중 하나는 일단 실천을 하는 것이다. 그날로 퇴근해서 내가 갈 수 있는 대학들을 비교 분석했다. 그리고 각 대학에 전화를 해서 해당 교수와 약속 후 만나서 내가 살아온 스토리를 이야기하며 왜 내가 이 학교에 와야 하는지에 대해서 의논했다. 부산에 대동대학교가 있다. 이곳은 호텔외식조리과가 그 나름 유명한 곳인데 이곳에서 교수님과의 인연이 이어졌다.

"자네는 직업군 생활도 했고 나이도 있으니 우리 과에 와서 과대표도 하면서 다양한 해외문화 음식문화 탐방과 외식 경험들을 쌓으면 장사하는 데 많은 도움이 될 것 같은데."

몇 군데 대학교도 알아봤지만 교수님과의 대화를 끝내고 이곳이 내가 원하는 대학교라는 것을 확신했다. 사실 내가 대학교를 나왔다고 하면 친구들이 웃는다. 그 정도로 공부와는 담을 쌓은 나인데 스스로 장사를 하기 위해서 외식 분야 대학교를 선택했고 교수님과의 미팅 시간을 잡아서 설명을 듣고 3, 4년 뒤의 청사진이 그려졌기 때문에 새로운 도전을 했다. 물론 내가 생각한 청사진처럼 되지 않아도, 정말 말아먹어도 학위와 함께 칼질 솜씨와 요리 솜씨는 늘 듯하니 밑지는 장사는 아니었다.

처음 입학식을 할 때 남녀 어린 대학생들이 강의실에 모여 있었다.

"과대표 할 사람?"

나와 다른 친구가 손들었지만 분위기와 투표로 내가 과대표가 되었다. 군 생활하면서 느끼고 배운 리더십이 요리라는 특수한 공간에도 먹혔다. 남학생들은 형을 의지했고, 여학생들은 편안하게 오빠처럼 잘 따라왔다. 교수님과 학생들 간의 중간 역할을 내 나름 잘하려고 노력했다. 과대표는 얼마의 장학금을 받는데 하는 일이 있다. 조리복장 단체 구매, 요리 장비 구매와 교수님의 생각을 학생들에게 잘 전달하는 메신저 역할.

호텔외식조리과에서 수업을 하시는 교수님들은 호텔 요리사로 현역에서 요리하는 전문가들이었다. 가끔 선배들 중에서도 요리 실력 좋고, 성적이 우수하면 교수가 일하고 있는 곳으로 스카우트되기도 했다. 나는 호텔에서 요리할 생각도 없었고 바로 일반 식당에서 경험을 쌓고 내 장사를 하고 싶었기 때문에 요리기술을 습득하는 데 열정을 다했다.

그렇게 공부가 하기 싫어서 수업을 땡땡이치던 학창 시절의 모습은 온데간데없고 진심으로 내가 원하는 일을 하기 위해 학업에 열중하니 재미가 있었다. 물론 조리과의 특성상 요리실습이 70% 이상인 대학 생활이어서 실습에 몰두했다. 호텔외식조리과는 우리 대학교에서 인기 있는 과다. 왜냐면? 수업 시간에 실습한 요리들의 냄새가 온 대학교에 퍼지고 친한 다른 과 동생들이 우리 실습 시간이 끝나기를 기다리며 앞에 대기하고 있다. 맛은 없지만 주머니 가벼운 청춘들에게는 뷔페식당인 셈이다. 내가 만든 음식을 지인들과 나누어 먹을 때 '아~ 이래서 요리를 하는구나.' 하는 마음이 들곤 했다.

일주일에 한두 번 있는 제과제빵 시간은 아주 정밀한 과학 시간이었다. 밀가루 반죽과 기타 양 조절과 오븐 조작 방법에 따라서 거의 비슷하게 빵이 맛있게 만들어진다. 빵 만들기 실습하면 개개인별 빵이 많이 남아서 집에 가지고 가서 부모님에게 드리거나 나처럼 학교 구내식당에서 우리들을 위해 일해주시는 이모들에게 나누어 준다. 그래서 우리 과를 엄청 좋아했고, 우리가 식당에 가면 조금 더 챙겨주셨다.

대학 생활 동안 과대표를 하면서 받은 혜택들이 많다. 신입생 음식문화 탐방으로 일본 여행과 중국 여행 인솔 명목으로 교수님과 함께 무료로 몇 번 다녀왔다. 중국 상해에서 음식문화 탐방을 끝내고 1학년 신입생들 인원 파악 및 간단한 점호를 하고 교수님과 과대표 2명이서 어두운 밤 사람들이 삼삼오오 모여 들고 있는 길거리 노점에 갔다. 무슨 말인지 알아들을 수 없는 중국말과 함께 숯불 꼬치와 시원한 맥주를 마시면서 추억을 쌓아갔다. 이렇게 나의 대학 생활은 공부라는 개념보다는 즐겁게 습득하고 장학금 받으면서 외국 여행 즐기는 그런 생활이었다.

이런 생활이 즐거울 때쯤 나에게도 짧은 봄날이 찾아왔다. 1학년 때부터 함께 수업을 들은 여학생과의 썸! 보통 요리실습을 하고 나면 20살 어린 학생들은 뒷정리를 잘 하지 않고 피시방이나 캠퍼스의 낭만을 즐기러 빨리 가는 경우가 대부분인데

이 친구는 매번 남아서 정리하고 나이에 맞지 않게 성숙하고 성실한 부분이 눈에 들어왔다. 그렇게 지켜보다 용기를 내본다. 집이 같은 방향이라 학과 친구들과 한잔하고 택시를 타고 이동하는 길,

"광안리 바다 갈래?"

"좋아요."

아름다운 광안대교와 바닷소리가 분위기를 잡아주었다. 캔커피를 나란히 들고 해변을 걷다가 모래를 방석 삼아 둘이 앉아서 하늘과 바다를 바라보는데 심장이 뛰었다. '어떻게 고백을 해야 하지?'

"오빠 어떻게 생각해?"

"어, 오빠 좋죠. 리더십도 있고 우리 과도 잘 챙기고."

"아니, 남자로 어떻게 생각하는데?"

"예? 아~~."

이렇게 이야기는 왔다 갔다 하며 고백을 하게 된다.

"일주일 고민하고 말해도 돼요?"

"그래."

집으로 돌아가는 길, 여학생 집 근처까지 데려다주고

"안녕, 낼 보자."

일주일이 길게 느껴졌지만, 긴 기다림 끝에 원하는 답을 들을 수 있었다.

"좋아요, 오빠 우리 사귀어요."

'와우!' 기분이 이상했다. 그리고 매일 같이 다니며 함께 요

리도 하고 부산대역 온천천을 걸으면서 아기자기한 대학생들이 가질 수 있는 추억을 나누었다. 교수님과 학과 친구들도 교제 사실을 알았고 축하해주었다. 20살 성인식에 깜짝 이벤트를 해주고 싶어 사물함에 곰돌이 인형과 선물을 넣어주고 기쁘게 해주고 싶었던 마음, 연애를 하면 싸우기도 하는데 우리도 그랬다.

"오빠, 우리 한 달만 서로 연락하지 말고 지내보자."

서로의 감정을 정리할 시간이 왔다. 나는 단순한 건지 한 달만 연락하지 말자고 해서 정말 연락을 안 했다. 그리고 한 달 뒤 나는 편지 한 장에 적혀 있는 내용을 받고 자연스럽게 우리는 과대 오빠 동생으로 다시 돌아갔다. 이렇게 나의 대학교 CC 커플 생활은 마무리되었고, 교수님은 우리들을 아끼고 있는 상황이라 조금 안타까워했지만 예전처럼 학과에서 함께 잘 생활하면서 서로를 응원해줬다.

대학 생활을 할 때 자전거에 미쳐 있었다. 광안리 집에서 대동대학교까지 12km 정도를 대중교통 대신 자전거로 등하교를 하면서 즐겼다. 자전거를 타고 학교에 와서 요리 복장을 하고 요리하는 모습이 20살 여학생들에게는 조금 친근하게 다가왔는지 좋아한다는 프러포즈도 몇 번 받았지만 마냥 애들 같은 느낌이라 재치 있게 거절하곤 했다.

대학 생활의 꽃 중 하나인 축제가 있을 때는 학과별로 장기자랑대회를 하는데 우리 호조과(호텔외식조리과를 줄인 말)에서는 내가 군 생활 때 했던 난타로 정하고 함께 할 동생들을 모집했다. 요리 복장도 있고 칼도 있고 모든 것이 준비되어 있었지만 제대로 해보고 싶어 동기 친구들과 큰 드럼통을 찾아서 바닷가부터 안 찾아본 곳이 없다. 다행히 내 기억으론 학과 친구 중에 삼촌분이 관련업에 종사하시는데 파란색 드럼통을 빌려줄 수 있다고 해서 트럭으로 받아두고, 몇 날 며칠을 함께 연습했다. 복장도 통일하고 난타 연습도 하면서 군 생활을 했던 리더십을 조금 더 발휘해본다. 우승에 욕심도 났고, 드럼통에 색깔별로 물을 부어서 하이라이트로 난타 공연을 하면 멋있을 듯했다. 이때 당시 한창 2006년 월드컵 시즌으로 김수로의 꼭짓점댄스가 유행해서 난타와 꼭짓점댄스를 병행해서 연습을 했다.

"오~~ 필승 코리아! 오~~ 필승 코리아~~."

당일 축제 분위기는 최고조였다. 많은 학과 응원단들이 응원을 하고 드디어 함성과 함께 MC가 "이번 무대는 호텔외식조리학과의 난타 공연입니다. 박수로 모시겠습니다." 두근두근 함께 한 동생들과 보여줄 시간이 왔다. 각자 드럼통을 위치에 놓고 음악과 조명이 깔렸다.

"쿵~~~ 쿵~~~!"

난타 공연이 시작된다. 공연에 참여하지 않은 동생들은 박수와

"호조과, 호조과!"

힘찬 응원 소리로 함께했다. 물이 올랐을 무렵! 잠시 음악이 멈추고 MC가 외쳤다.

"어~ 드럼통에 물을 붓습니다. 멋진 장면이 연출될 듯합니다."

"쿵~~ 쿵~~."

우린 미친 듯이 드럼통을 치면서 각양각색의 물들이 조명을 받으며 하늘로 솟았다. 지금 글을 쓰면서도 그 당시 짜릿한 기분이 든다. 난타 공연 후 빠르게 옷을 갈아입고 당시 열풍인 <오 필승 코리아> 노래와 함께 꼭짓점댄스를 우리뿐만 아니라 다 같이 추기 시작했다. 클라이맥스를 찍는 순간!

"멋쟁이~~~."

"호조과 최고~~~."

이때는 과별 대항이 아니라 온 학교 학생들이 하나가 되는 순간을 무대 위에서 보았다. 연예인이라도 된 기분 '아~~ 이래서 가수들이 라이브 무대에서 미치는구나.'

나의 26살 만학도 생활은 이렇게 즐거움과 도전의 연속이었다. 2학년 말 다들 취업을 나가는데 교수님께서 내게 말씀하셨다.

"지호야, 과대표고 하니 호텔에서 실습하고 취직해서 일해보는 것이 어떠냐?"

"예? 호텔에요? 저는 외식업체에서 요리 실력과 경영하는 부분들을 배우고 싶습니다."

소신 있게 이야기를 했지만 교수님께서 말씀하셨다.

"일단 호텔에서 다양한 분야의 요리도 경험해보고 한번 큰 물에서 놀아보고 일반 식당에서 일해도 좋지 않겠냐?"

그 말을 듣고 '그렇지, 호텔에서는 일식, 양식, 중식 등 다양

한 요리와 호텔리어로서의 문화와 노하우를 배울 수 있겠구나.'
라고 생각했다. 나의 첫 번째 실습 장소는 해운대 조선비치 호
텔이었다. 첫 실습은 내가 만든 요리를 호텔에서 선보일 수 있
겠다는 큰 착각 속에서 지원하게 되었다. 나에게 대학 생활은
인생에 큰 방향 설정과 행복한 추억들을 선물한 소중한 시간이
었다.

지금 생각해보면 내가 정말로 원하는 것이 무엇인지 알고 그
일을 통해 조금 더 성장하고 인맥을 얻기 위한 수단으로 선택
했던 대학 생활이 딱! 맞아떨어진 것이다. 대학교 생활은 꿈의
방향을 정해서 목표를 가지고 꼭 필요할 때 선택하는 것이 좋
은 듯하다. 나의 경험상으로는, 대학 생활에서 배운 실습과 이
론은 현장과 조금 달랐다. 다시 시작이다.

이런 것이 행복이구나

1

말만 요리사였던 시절

모든 것은 순리대로 이루어진다. 요리사는 요리만 하는 것이 아니었다. 호텔외식조리학과를 졸업하고 첫 실습은 해운대 조선비치호텔에서 시작했다. 시원하게 펼쳐진 해운대 바다를 중심으로 해변 제일 오른쪽에 위치한 아주 전망이 좋은 호텔이었다. 요리사가 되고 싶은 친구들이 오고 싶어 하는 베스트 직장이었다.

며칠간의 실습 시간, 안내에 따라 복장을 착용하고 나는 한식 식당에 파견되었다. 이런저런 잡다한 일을 하다가 굉장히 나이가 많으신 여성 요리사분 밑에서 일을 시작했다. 양파 손질과 마늘 손질을 하는데 대선배가 말했다.

"왜 요리사가 되려고 해? 힘든 직업인데."

"예! 여기서 요리 기술과 노하우를 배워서 조그마한 음식 장사를 하고 싶어서요."

이렇게 말하고 싶었지만 첫 일하러 온 이곳에서 그렇게 말할 순 없었다.

"예! 음식을 만들어서 좋아하는 사람들에게 나누어 줄 때 보람이 있더라고요."

"그래? 그 말이 쭉 이어졌으면 좋겠다. 요리사가 되려면 마늘 까고 양파 손질하는 이런 사소한 것들이 즐겁고 재미가 있어야 해."

'양파 손질과 마늘 까기가 재미가 있나?' 나의 첫 실습은 주구장창 양파, 마늘 손질만 하다 끝이 났다.

나는 요리를 배우고 싶었는데 실습생에게는 어림도 없는 상황이었다. 퇴근길 해운대 바닷가 파도소리와 달빛에 비친 야경이 나를 위로해줬다.

두 번째 실습도 일반식당에서 일하고 싶은 나의 바람과는 다르게 교수님의 요청으로 호텔로 들어갔다. 호텔리어의 자세도 배워서 나쁠 것은 없었다. 해운대에 위치한 파라다이스 호텔로 실습을 나갔다. 연예인들이 많이 찾는다는 이곳! 어색한 조리복장과 삐뚤어진 조리모를 착용하고 여름 휴가철 첫 실습장은 양식 파트였다. 워크숍이나 행사를 진행하고 있는 행사장에서 교육이 끝나면 중간에 단체참가자를 대상으로 다양한 음식이 코스별로 들어가는 곳이다. 한 치의 오차도 없이 일사분란하게 각자의 임무에 충실하면서 고객들의 식사를 제공해줘야 한다.

요리 파트는 사람들이 교육을 받고 있을 때 정신없이 뛰어다니면서 요리를 한다. 총 관리담당자인 계장은 소스를 중심으로 맛을 보고 전체적인 흐름을 파악해 몇 명의 요리사들에게 화가 난 듯 큰 소리로 말한다.

"야~ 스프가 싱겁잖아. 정신 안 차려!"

흡사 전장의 모습인 이곳, 스스로에게 주어진 임무 중 하나라도 구멍이 나면 다 무너지고 마는 현장의 모습이다. 다들 몇 년 이상의 경력자들이기 때문에 조리 모자에 땀이 맺혀 있으면서도 자신의 할 일들을 일사불란하게 하고 있다. '멋있다.' 나는 제일 말단 요리사에게 붙어서 시키는 자질구레한 일들을 하고 있다. 요리가 완성이 되면 홀에서 서빙하는 호텔리어들에게 신호를 준다. 요리사 팀과 서빙 팀의 사인이 일치되면 신속 정확하게 애피타이저부터 시작해 스테이크와 디저트까지 풀코스로 음식이 나간다. 긴장의 연속이다. 하나하나 단계별 음식이 나가고 접시가 돌아오고 다시 다음 음식이 나갈 때 요리 파트 책임자인 계장은 돌아오는 접시에 남아 있는 음식들을 체크한다. 온도가 떨어졌는지 음식의 간이 어떤지 등을 파악한다. 이렇게 모든 음식이 나가고 행사가 종료되면 연회장에 있는 테이블과 포크 등은 홀 담당 호텔리어들이 치우고 우리는 잠시 휴식을 취한다.

'이게 요리사인가?' 호텔에는 요리 파트가 여러 가지가 있다. 일식, 한식, 중식, 뷔페식당, 행사 진행, 이탈리안 식당이 있다.

직원들이 먹는 식당은 따로 있는데 여기서 각 식당에서 일하는 요리사분들을 만날 수 있다. 유독 다른 요리사분들보다 눈에 띄고 멋있어 보이는 팀이 있었는데 이탈리안 식당이었다. 전체적인 분위기도 그랬고 목에 메고 있는 타이도 멋있었다. '이곳에서 일하고 싶다.'

열심히 일한 건지 나의 앞치마는 소스가 묻어 거의 걸레 수준으로 더러워져 있었다. 가끔 연회장에서 행사가 없을 때는 파견을 갔다. 여름철 호텔 수영장 야외 테라스에서 나와 실습생 한 명과 함께 치킨과 햄버거를 만들어 팔 수 있는 기회가 생겼다. '내가 책임자가 되어 음식을 손님에게 줄 수 있다니.' 판매를 하면 나에게 직접 돈이 들어오는 것은 아니었지만 장사를 꿈꾸는 나에게는 아주 재미있는 시간이었다. 1.5평 남짓한 공간으로 한여름에 기름 두른 철판 앞에서 조리 복장을 하고 손님이 오기를 기다리고 있었다. 수영을 즐기는 손님들이 배가 고플 만도 한데 이쪽으로는 오지 않았다. 나와 여자 실습생은 같은 요리사 지망생으로 이런저런 이야기를 나누며 시간을 보냈다. 그때 몸매 좋은 남성분 한 분이 뚜벅뚜벅 걸어왔다.

"햄버거 하나 주세요."

'와우! 첫 주문이다.' 우리는 살짝 격앙된 말투로 답했다.

"앉아서 기다리시면 준비해서 드리겠습니다."

철판에 기름을 두르고 햄버거 패티를 올렸다.

"치~~~."

맛있는 소리가 들려온다. 한 명은 양파를 썰어서 링 모양으로 준비하고 나는 햄버거 빵을 양쪽으로 먹음직스럽게 구워본다. 둘이서 만든 합작인 첫 햄버거 모양은 그럴듯했다.

"고객님, 주문하신 햄버거 나왔습니다."

'어디서 많이 본 사람인데? 연예인인가?' 알고 보니 개그콘서트에서 잠깐 유행을 탔다가 사람들의 기억 속에서 사라진 개그맨이었다. 혼자서 햄버거를 먹는데 몸매가 좋아서 그런지 실습생이 멋있단다. 첫 실습에 나간 음식이 성공이었을까? 긴장한 나머지 양파를 살짝 익혀서 넣었어야 하는데 생으로 넣은 것을 제외하고는 완벽했다. 이 햄버거를 시작으로 치킨부터 소시지까지 주문이 들어왔다.

선배에게 기름 온도와 치킨 양념부터 어떻게 하면 맛있게 튀겨지는지를 배운 터라 자신감이 있었다. 이론과 실전은 조금 달랐다. 눈으로 보고 배우면서 몇 번 실습해봤는데 치킨을 주문해서 먹던 고객들이 "이거 덜 익은 거 아닌가요"라고 컴플레인이 들어왔다.

"죄송합니다. 다시 튀겨드리겠습니다."

겉모양은 완벽하게 튀겨졌는데 온도 조절 때문인지 안쪽은 덜 익어 있었다. '아~ 치킨 하나도 쉬운 것이 아니구나.' 다시 매콤한 반죽을 하고 닭을 넣고 기름에 반죽을 떨어트려 온도 체크를 하고 닭다리부터 하나하나 넣어서 해본다. 완벽하게는 된 듯하지만 혹시나 해서 칼로 치킨 조각 하나를 찔러봐서 익었는지를 확인하고 둘이 오케이 사인이 떨어지면 고객에게 주었다. 이런 작은 일들을 겪으면서 요리사의 모습을 갖추어갔다. 태양의 뜨거운 햇살은 피하면서 일하고 있었지만 기름의 열과 철판의 열은 땀 많은 나에게 시련을 가져다주기 충분했다.

2주간의 실습이 끝나고 나는 이곳에서 알바를 할 수 있는 기회를 얻었다. 그것도 내가 가고 싶었던 이태리 레스토랑에서의 첫날, 그렇게 멋있어 보였던 이태리 식당의 타이와 복장을 하고 지하창고에 가서 오늘의 식자재들을 운반하는 임무를 맡았다. 칼을 잡고 요리를 한다는 것은 어림도 없었다. 딱! 알바의 임무. 요리사들이 시간이 없어 하지 못하는 일들은 전부 내가 다 했다. '언젠가 칼 잡을 날이 오겠지.' 오픈 주방에서 인물도 좋으시고 요리 실력도 좋은 요리사들은 손님들과 소통을 하면서 즉석에서 원하는 음식들을 만들어주기도 했다. 물론 주방에서는 손님들이 주문한 양고기부터 스테이크, 애피타이저 등을 분주하게 만들어 홀 서빙 할 수 있게 보낸다. 딱! 영화에서 보던 레스토랑의 모습이었다.

"○○ 테이블에 안심스테이크, 랍스터 요리 준비."

"예! 셰프."

멋있기도 하면서 언젠가는 나도 내가 만든 요리를 손님들에게 선보일 날을 기대하면서 열심히 아르바이트 생활을 했다. 야채도 다듬고 물건들도 나르고 기름때가 낀 주방 청소도 하면서 이렇게 열심히 하루하루 알바 생활을 하다 인사이동을 했다. 이태리 레스토랑에서 1층 뷔페식당으로 이동했다. 소박했던 이태리 식당과는 다르게 여기는 또 다른 전쟁터였다. 넓다고 생각했던 주방에는 수십 명의 요리사들이 자신의 임무를 수행하고 있었다. 이 세계는 조리사 모자를 보면 누가 직급이 높은지 알 수 있다. 모자의 크기와 길이가 높으면 높을수록 직급이 높아지는 것을 상징하는데 두 분의 계장님이 온 주방을 돌아다니면서 매의 눈과 호랑이처럼 호통을 치면서 각 파트별로 음식을 맛보고 검사하고 있었다.

아침, 점심, 저녁 뷔페 메뉴는 달랐고 뷔페 특성상 한식, 양식, 일식, 중식, 퓨전 모든 요리들이 나가 손님들을 기다리고 있었다. 이 주방에도 각자의 파트가 있어 여성 요리사 몇 분이 한식 반찬 등을 담당했고, 오픈 주방에는 일식 코너로 일식 요리를 담당, 나머지 분들은 양식과 중식을 포함해 다양한 요리들을 겸해서 하고 있었다. 한 가지 음식만 해도 바쁠 텐데 호텔 뷔페식당에서는 거의 모든 음식이 모여있다. 이곳은 그야말로 나에게는 배움의 장터였고 노다지였다. '야호~.'

'어떤 음식으로 장사를 하면 좋을까.' 하나하나 배우고 내 것으로 만들고 싶었다. 그러나 나만의 생각이었다는 것을 며칠 뒤 아르바이트를 하면서 알았다. '요리는 무슨.' 각 종류별 요리를 하는 이곳에서는 더 다양한 식자재와 조리에 필요한 물건들이 필요했다. 뷔페라 먹는 사람들도 많아서 물건의 양은 카트에 가득 실어서 몇 번을 나르고 날라야 끝이 났다. 거의 택배 기사 수준 이상의 중노동이었다. 그리고 그 넓고 종류가 많은 지하 식자재 창고 어디에 원하는 물건들이 있는지 사수와 함께 와서 배우고 익혔지만 나중에 혼자서 일을 할 때는 멍해지면서 그만두고 싶은 생각도 했다.

그렇게 물건을 나르고 감자를 깎고 양파를 다듬고 하는 일을 반복했다. 손님들이 들어오기 전 요리를 다 끝내고 총 책임 주방장의 신호에 일사불란하게 나라별·특징별 음식을 우르르 들고 나가서 세팅을 한다. 킹크랩부터 회, 먹음직한 고급요리를 포함해 중식요리까지 '침이 절로 넘어갔다. 맛있겠다.' 음식을 세팅하고 주방으로 돌아오는 길, 오픈 주방에 일식 조리사들이 멋진 복장을 하고 손님 응대할 준비를 끝내고 초밥을 만들고 있다. '멋있다. 나도 오픈 주방에서 손님들과 이야기하면서 요리하면 좋을 텐데.'

이렇게 몇 달간 아르바이트를 하면서 눈으로는 많은 조리사들이 만드는 음식과정들을 익혀가고 있었다. 이 큰 주방에서는 모든 것이 순리대로 이루어진다. 누군가는 양파를 손질하고, 누구는 소스를 만들며, 누구는 칼질과 스테이크를 구우면서 그 요리가 완성이 된다. 요리사는 요리만 하는 것이 아니었다.

2

요리봉사를 하며

내가 가지고 있는 재능을 타인에게 나누어 준다는 것만큼 보람된 일이 있을까! 어릴 적부터 부모님께서 어려운 사람들을 도와주는 모습을 자연스럽게 보면서 자랐다. 그 당시 육교에 있는 구걸하는 걸인의 바구니에 아버지는 선뜻 오천 원 현금을 넣곤 했다. '그렇게 큰돈이면 핫도그가 몇 개인데?' 철없던 시절이었지만 커가면서 이해가 됐다. 내가 가지고 있는 것을 나누어 준다는 것만큼 보람되고 의미 있는 일이 없다는 것을 말이다.

열심히 호텔에서 몇 달간 알바 일을 하고 있는데 친한 선배가 내게 말했다.

"이번 달에 신입사원을 뽑을 거야. 사람들이 너 추천했으니 면접 잘 봐."

"예! 감사합니다. 선배님."

면접 당일 신입사원에 지원한 요리사 몇 명이 호텔 건너편 건물에 있는 면접장으로 들어갔다. 총지배인, 총주방장 포함해

8명 정도의 면접관들이 일렬로 쭉 앉아서 면접을 하는데 조금 긴장감이 돌았다. 군 생활 부사관 지원할 때 각 지역 원사들 10명 이상이 와서 나를 두고 면접했을 때가 문득 떠올랐다. 두 번째 면접이지만 긴장되기는 마찬가지였다. 기억으로는 4명의 면접자들이 앉아서 면접관들의 질문에 하나하나 답변을 마무리하고 면접이 끝났구나 생각할 때쯤 총지배인이 나를 빤히 쳐다봤다.

"정지호 면접자는 왜 색안경을 끼고 있나요?"

진심으로 궁금해서 물어보는 듯했다.

"예! 지금까지 직업군 생활을 하면서 색안경을 껴보고 싶었는데 군인의 신분으로 낄 수가 없었고 지금은 사회에 나왔으니 하고 싶은 것들을 해보고 싶어서 끼고 다니고 있습니다."

면접관들은 일제히 큰 웃음을 터트렸다. '면접장에서 웃음을 준 거면 합격인가?' 다음 날 파라다이스 호텔에 정직원으로 호텔리어가 되었다는 소식과 함께 선배들이 축하를 해주었다. 보통 다른 파트들은 모르겠지만 요리 쪽은 몸과 마음이 힘든 곳이기 때문에 실습과 아르바이트를 시켜보면서 여기서 견딜 수 있겠다 싶으면 면접을 보고 뽑는 듯했다. 5년간 군 생활을 했던 나는 요리사 쪽 문화도 군 생활과 별반 다르지 않다고 생각했다. 군기가 엄청났다.

정직원이 되었다고 하는 일은 달라지지 않았다. 아침에 식자재 창고에서 오늘 각 파트별로 필요한 물건을 카트로 몇 번을 땀을 닦으며 날랐고, 대형 냉장고에 차곡차곡 정리하고 날짜 라벨을 붙이며 유통기한 확인과 정리를 병행했다. 이렇게 몇 달을 반복하는 시간을 보내고 있는데 계장이 불렀다.

"지호야, 너 오픈 주방에서 일식 요리 배워봐라. 너한테는 좋은 기회일 거야?"

"예! 알겠습니다. 열심히 해보겠습니다."

멤버가 꽉 찬 오픈 주방에 한 명이 집안 사정으로 그만두게 되었고, 나는 몇 년을 똑같은 일을 해야 하나 고민하고 있을 때 몇 달도 안 돼서 나에게 아주 좋은 기회가 왔다. 무엇을 하든 요리를 할 수 있는 기회였다. '감사합니다.'

뷔페 주방에서도 오픈 주방은 또 다른 세계였다. 일식요리만 전문적으로 하는 식구는 총 6명이었고, 그중 내가 막내였다. 바로 위 사수는 나보다 한 살 적었고, 그 위에 두 명은 나랑 동갑이었다. 그리고 까칠 대마 왕 계장과 함께 한 팀으로 일했다. 처음부터 계장은 나를 마음에 들어 하지 않았다. 꼭 군대 있을 때 피곤한 선임과 한방에서 지내는 느낌이었다. 처음에는 오픈 주방 정리 정돈과 제일 구석에서 온도 조절부터 튀김 만드는 방법을 배워서 온종일 뜨거운 튀김기계 앞에서 수중기와 함께 정신없이 튀김을 하여 세팅하며, 손님들이 다 먹고 비어 있는 공간에는 또 다른 신선한 재료를 튀기기 시작했다. 이 중 단연 새우튀김의 인기는 최고였다. 맛있게 튀긴 음식을 기분 좋게 와서 그릇에 담아 자리에 앉아 먹는 모습을 보면 기분이 좋았다. 물론 한 번에 자기 가족들 준다면서 갓 튀긴 새우튀김을 다 가져갈 때는 그 손님이 조금 밉상처럼 보일 때도 있었지만 그래도 뭔가 요리사가 된 느낌이 들었다. 점심 장사가 끝나면 튀김기계부터 철판 등 깨끗이 저녁 장사를 할 수 있게 정리 정돈을 한다. 청소를 할 때 주변에 덕지덕지 붙어 있는 튀김가루와 반죽들을 긁어낼 때 기분이 좋았다. 무슨 일인지 동갑내기 선배가 또 그만둔단다. 나에게는 기회였지만 함께 일한 선배의 퇴사는 그렇게 좋은 마음이 아니었다.

"튀김 말고 이제 밑에 한 명 들어오니 초밥 만들 준비해."

계장의 말과 함께 열심히 사수에게 살아 있는 생선과 각종 해산물 손질하는 방법을 배웠다. 하루에도 뷔페 특성상 많은 사람들이 초밥과 회를 좋아해서 수십 마리의 생선을 잡고 또 잡았다. 하도 많이 잡다 보니 칼을 잡은 오른손에 무리가 왔고, 통증이 와서 병원에서 주사를 맞아가면서 요리사의 길을 묵묵하게 걸었다. 그래도 내 나름의 임무를 부여받아 요리를 한다는 것에 신이 나고 재미가 있었다. 어느덧 나도 선임이 되어 생선 손질하는 방법을 후임에게 인수인계하는 날까지 왔다. 한 번은 바다가 보이는 오픈 주방에서 일을 하고 있는데 뷔페 손님 중에 아는 손님이 앉아 있었다. 여기저기 음식을 퍼 놓고 오픈주방 초밥 코너로 다가올 때가 말을 건넬 타이밍이었다.

"어머니, 저 종화 친구 지호입니다."

"어~ 지호네. 여기서 보니 더 반갑다."

짧은 인사를 나누고 나는 계장에게 간곡히 요청했다.

"정말 친한 친구 어머니인데 혹시 회 세트를 드려도 될까요? 계장님."

양손을 모으고 만화 속 간절한 고양이 표정으로 아주 공손하게 부탁했다. 오케이 사인을 받고 선임과 함께 일식당의 풀코스 요리처럼 큰 접시에 장미 모양의 회와 각양 맛있는 초밥만 선별해서 내가 직접 들고 친구 어머님 모임 자리에 서비스를 해드렸다. 이때 요리사로서 뿌듯함과 친구 어머니에게 작은 선물을 한 듯해서 매우 뿌듯했다.

호텔경영 처음으로 신입사원 연수 마지막 차에 부모님을 호텔에 모셔서 식사도 대접하고 숙박할 수 있는 좋은 기회가 주어졌다. 부산에서 아니 전국에서 제일 좋은 5성급 호텔에서 부모님과 식사도 하고 함께 숙박을 하면서 좋은 추억을 선물해 드린 듯 너무 뿌듯했고, 부모님도 난생처음 파도소리가 들리는 5성급 호텔에서의 1박 2일을 아주 만족해하셨다. 이때 마침 동생 생일이라 호텔 로비에서 케이크도 사고, 온 가족이 호텔방에서 생일 축하 파티를 하며 행복한 하루를 보냈다.

가끔씩 살다 보면 우리 가족만 행복하면 다라고 생각하는 사람들도 있다. 반대로 주변을 돌아보며 어려운 이웃들에게 힘과 용기를 주는 사람들도 있다. 나 또한 후자의 삶에 동참하고 싶었다. 요리사 생활 2년 차 봉사활동이든 무엇이든 나누고 싶었다. 대학 생활 때 광안리 근처 농아인분들이 모여 있는 공간에서 농아 학생들 대상으로 수학을 가르쳤던 기억이 났다. 그 봉사단체는 식사도 제공해주는데 현직 요리사인 내가 그분들의 식사를 제공하는 데 작은 도움이 되고 싶어서 전화를 걸었다.

"안녕하세요! 예전에 여기서 교육봉사 했던 사람입니다. 혹시 제가 해운대 호텔에서 요리사로 근무하고 있는데 식사 시간 때 작은 도움을 줄 수 있을까 하고 연락드립니다."

하루 뒤 연락이 왔다.

"점심 식사는 우리가 준비할 테니 이분들 대상으로 요리교실을 운영해주셨으면 합니다."

"예? 요리교실요. 제가 할 수 있을까요."

"예, 지금 하고 있는 요리보다 조금 더 쉬운 것들로 해서 매주 토요일 1회씩 부탁드립니다."

'도전.' 요리교실 봉사를 하겠다고 전화를 끊고 신이 나서 구상을 했다. 첫 요리는 무엇을 할까? 이분들이 좋아하는 음식은 무엇이고 즐겁게 함께 할 수 있는 방법은 없을까? 다양한 생각을 정리해서 필요한 재료와 조리기구들을 준비해달라고 부탁했다. 이렇게 나의 요리교실 수업이 개강이 되었다. 물론 돈을 받고 하는 일이 아니고 돈을 받을 수 있는 실력 또한 아니었다. 그냥 나의 능력으로 작은 일을 해보고 싶었고, 내가 할 수 있는 것이 요리였고 이분들에게 따뜻한 밥 한 끼 먹이는 데 작은 도움이 되고 싶었다. 복지관에서는 호텔에서 일을 하고 예전에도 교육봉사 경험이 있으니 종목만 바꾸어서 요리교실 봉사를 하게 되었다.

그렇게 호텔에서 열심히 일식 요리를 하면서 사람들과 오픈 주방에서 소통하면서 온통 머릿속은 이번 주에는 어떠한 요리를 선정해서 이분들에게 재미와 즐거움을 선물해 줄까? 이 생각뿐이었다.

나의 재능을 가지고 다른 사람을 도울 수 있다는 것은 행운이고 축복이다. 물론 내가 일하는 현업에서도 기분이 좋아 힘차게 일할 수 있는 원동력이 되었다. 나에게는 나눔이라는 것이 그런 거였다. 남을 도와주면 내가 행복해지는 삶, 첫 번째 요리교실이 생각난다.

1시간 일찍 도착해서 요리도구들을 체크하고 식빵과 각종 과일들을 확인했다. '두근두근' 모든 준비는 끝났다. 많은 농아인분들이 안내자의 수화에 따라 각자의 자리에 위치했다. 이분들을 위해 간단한 인사 정도는 수화로 배워서 나누어본다.

"안녕하세요! 정지호입니다."

딱! 여기까지 수화만 배웠다. 드디어 첫 번째 요리교실 개봉박두, 설렘 반 잘할 수 있을지 두려움 반으로 시작이 되었다. 내가 한글로 이야기하면 옆에 수화 봉사자가 수화로 통역을 해주었다. 오늘의 메뉴는 간단한 샌드위치와 과일 샐러드 브런치 메뉴를 선정했다. 불과 가스를 만지는 부분의 요리들은 화재 등 안전 문제로 제외하고 메뉴를 선택하는 편이었다. 이렇게 나의 또 다른 봉사활동이 시작되었다.

내가 가진 재능을 타인에게 나누어 준다는 것만큼 보람된 일이 있을까! 행운아다.

한 명의 변화, 천 명의 꿈

3

행복을 느끼다

행복은 늘 주변에서 일어난다. 작은 것에서 하나하나 내가 가지고 있는 것을 나누면 온다. 손에 꼭! 쥐고 있지 말자. 짧은 인생인 만큼 주변을 돌아보면서 살자. 더 가지려고 하면 욕심이 생기고 덜 가지고 나누면 내적 부자가 된다. TV를 시청하다 보면 봉사하고 나누고 하는 사람들의 표정은 대체적으로 밝고 행복해 보인다. 왜 그럴까? 하나라도 다른 사람들에게 무엇인가를 주고 싶어서 그런 게 아닐까? 어렸을 때부터 부모님께서 나눔을 실천하는 모습을 보고 자란 나도 그 작은 행복을 옆에서 간접 체험하면서 나 또한 그렇게 실천해야겠다고 생각했고 실천한다.

1주 차 샌드위치 요리교실 때만 하더라도 처음 하는 요리봉사활동이라 정신도 없고 어떻게 지나갔는지도 모르게 끝이 났지만 2주 차부터는 정중앙에 내가 위치하고 바로 옆에는 수화

통역 봉사자와 함께 요리교실을 진행하며 다 함께 참여할 수 있는 모양으로 테이블을 배치해서 나를 중심에 두고 보면서 요리교실을 함께 진행했다. 가끔 주변을 돌아보면서 수화는 못 했지만 보디랭귀지로 대화도 나누면서 적극적으로 임했다.

　호텔에서 일하면서 하루하루 같은 일만 반복하는 날들이었는데 요리교실 봉사를 하면서부터 요리하는 것이 더 즐겁게 다가왔다. 오픈 주방의 업무인 일식 코너에서 일만 했지만 다른 주방 친한 중식 선배에게 가서 자장면 만드는 방법과 직접 그 선배 집에 가서 배우는 열정을 보였고, 배운 요리는 농아인복지회에서 함께 만들어보는 시간을 가졌다.

　"자~ 오늘은 자장면을 만들어서 맛있게 먹어보겠습니다."

　"와~~! 맛있겠다. 빨리해요." 말은 들리지 않았지만 표정에서 100% 이렇게 말하고 있었다. 자신감 있게 면은 어떻게 삶아야 하는지 자장면 소스에 들어갈 양파, 돼지고기, 호박 등 먹기 좋게 손질을 하고 스스로 만들어 맛있는 자장면을 먹는다는 생각을 하면서 만들었고, 다들 행복해 보였다. 이런 행복해하는 모습을 보고 난 고맙고 감사했다. 드디어 맛있게 삶아진 자장면에다가 대망의 소스를 부어서 시식하는 시간이 왔다.

　"자~ 오늘 만든 자장면 시식 시간입니다."

　"와~~~~! 맛있겠다. 빨리 주세요."

　쓱싹쓱싹 맛있게 비비고 다 같이 수화로 감사 기도를 드린 후

　"후루루~~~~후루루~~."

맛있게 먹는다.

"어때요? 맛이."

수화로 주고받는다.

"맛있어요."

이보다 흐뭇하고 보람된 순간이 있을까?

인생을 살아오면서 이렇게 좋은 일을 할 수 있다는 것과 하고 있는 분야에서 조금만 신경을 쓰면 주변에 나의 손길을 기다리고 있는 곳들이 아주 많다는 것을 알았다. 이렇게 시간이 흘러 요리교실도 10주 차 이상이 됐다.

조금 나태해진 것일까? 이날의 메뉴는 잘 기억이 나질 않지만 이분들의 표정은 확실하게 기억한다. 시식 시간에 함께 맛을 보고 보통 때와 똑같이 물었다.

"맛있어요?"

"별로예요."

돌아온 수화 대답이었다. 내가 먹어봐도 무슨 맛인지 모르겠다. 다들 표정들이 세 살 아기가 맛없는 거 먹고 "퉤." 하고 침을 뱉을 때의 표정처럼 일그러져 있었다. 이때부터 실험적인 요리는 하지 않고 아주 일반적인 음식으로만 요리교실을 운영했다. 한번은 나의 주특기인 일식 초밥 요리를 하기로 하고 생선을 수산물 시장에서 손질 부탁해서 준비한다. 각종 버섯부터 초밥에 사용할 수 있는 야채들도 함께 먹기 좋게 손질 후 밥에 식초 물을 넣고 하나하나 초밥 만드는 방법을 알려줬다.

완성이 됐을 때는 삐뚤삐뚤 밥은 터져 나오고 모양은 별로였지만 이분들에게는 하나밖에 없는 첫 번째 초밥이었을 것이다. 다들 기분 좋게 초밥을 만들어서 따뜻한 국물과 함께 맛있게 먹었던 기억이 뚜렷하게 난다. 항상 요리교실이 끝나면 오늘의 요리왕을 뽑고 작은 선물을 나누어 줬다.

"자~ 오늘의 요리왕은 두근두근 ○○○ 아저씨입니다."

"와~~."

이분들에게서는 시기 질투의 마음과 기운은 1%도 느껴지지 않고 다들 응원과 축하를 해준다. 과연 '나도 그렇게 100% 진심으로 누군가를 칭찬하고 응원한 적이 있었던가?' 또 한번 이분들에게 배운다.

요리왕까지 뽑으면 자신이 만든 음식 접시를 들고 삼삼오오 모여서 인증 사진을 찍는다. 다들 표정들은 어색하지만 그 모습들이 더 진정성 있게 다가왔다.

이전에는 이런 봉사활동을 했다.

대학교 시절 농아 어린이 수학교육봉사를 할 때 담당 선생님께서 말씀하셨다.

"이 친구 좀 부탁해요. 여자 봉사자들은 이 친구 때문에 울고 힘들어서 남자 봉사자분이 필요한데 군 생활도 오래하셨고 잘 타이르면서 부탁드립니다."

"예! 알겠습니다. 제가 이 친구와 일대일로 함께해보겠습니다."

뭐지? 다른 남자 봉사자들도 있는데. 여기서는 여성, 남성 봉사자 할 것 없이 1:1로 학생과 파트너가 된다.

나는 거칠고 돌발행동을 자주 하는 초등학교 5학년 학생을 담당했다. 수화가 되지 않으니 입 모양을 보여주고 보면서 진행하는데 이 친구는 딱! 두 가지 표정이다. 계속 웃으면서 나를 쳐다보거나 아니면 화가 난 모습이었다. 처음에는 적응이 안 돼서 어떻게 할지 몰라 페이스를 잃어버렸는데 한 주 두 주가 지나면서 어떻게 하면 이 학생에게 조금 더 잘 다가갈 수 있는지 알아갔다. 수업을 하다 보면 깜짝깜짝 놀라곤 했다. 쥐고 있던 볼펜을 책상에 치고 부러트리는 행동, 갑자기 주변의 공부하고 있는 친구를 찌르는 행동, 공부하기 싫고 밖에 나가서 놀고 싶어 의자를 쿵쿵 하며 흔드는 행동들이 주변 봉사자와 농아인 학생들에게 피해를 많이 줬다. 다른 봉사자들에게 내가 맡고 있는 학생은 매우 유명했다.

그 후에도 연탄 배달 봉사, 독거노인 요리 배달 봉사, 성인 농아인분들과 함께한 요리교실 봉사 등, 내가 할 수 있는 봉사가 있으면 찾아서 하는 편이었다. 그리고 얼마 안 되는 금액이지만 매월 나눔도 함께 실천하면서 살아간다. 행복이란 그렇게 특별한 것이 아닌 듯하다. 행복은 늘 주변에 있고, 내가 가지고 있는 작은 것을 주변 사람들과 함께 나눌 때 자주 찾아온다.

욕심을 꽉! 쥐고 있지 말자. 짧은 인생인 만큼 주변을 돌아보면서 살자. 지금 실천하면서…….

4

또 다른 삶을 기대한다는 것

100세 시대에 한 가지 직업으로 만족할 수 없다. 다양한 직업을 통한 새로운 세상이 궁금했다. 이렇게 말하고 싶지만 사실 호텔 요리사 생활이 나에게는 흥미를 잃어가는 타이밍이었다. 1년에 한두 번 호텔 자체적으로 2인 1조 요리 대회를 시행했다. 다른 사람들은 퇴근 후 늦은 저녁 시간까지 작품을 구상하고 연습을 하는데, 난 파트너 운이 없다기보다는 스스로 요리에 재능이 없음을 깨달았다. 내 기억으로 호텔에서 일하고 있을 때 누군가에게 『가슴 뛰는 삶』 책을 추천받아 읽게 되었다.

가슴 뛰는 삶이라. 이 책을 한 장 한 장 읽어 내려가면서 '아! 지금 내가 호텔에서 뭐 하고 있는 거지?'라는 생각을 계속하게 되었고, 과연 요리사가 나에게 어울리는 직업인지 고민하게 되었다. 미래의 비전이 있는지 내 적성에 맞는 직업인지에 대해서 신중하게 생각해보았다. 책을 읽으면 읽을수록 확신이 생겼고, 책 중간에 저자가 인용한 내용에 감명받아 책 여백에 내 생각을 정리하면서 진로를 조금 더 구체적으로 써 내려갔다. 이 책을 다 읽을 즈음 퇴사를 결심했다. 당시 여행과 게스트하우스 숙박업소에 관심이 있었고, 제주도에 게스트하우스가 많이 성행하고 있지 않을 때 제주도 동서남북으로 게스트하우스를 운영하는 꿈이 생겼다.

책을 읽으며 무작정 좋아하는 것을 작성했고, 그중에 여행을 좋아한다는 부분이 두드러지게 나타났다. 그래서 여행과 평소에 관심 있던 게스트하우스를 고민하다가 호텔 총주방장과의 미팅을 신청했다.

"저, 회사를 그만두고 싶습니다."

호텔 총주방장은 당황한 표정으로 말을 이어간다.

"왜? 너 나이가 조금 있는 가운데서도 우리가 성실해서 뽑았는데 그만두고 뭐 하려고?"

"예! 예전부터 꿈꾸고 있던 게스트하우스를 운영하고 싶습니다."

"뭐? 게스트하우스, 완전 요리 쪽이랑 다른 직업이네. 흠! 마음을 정했다면 어쩔 수 없지. 아쉽지만."

"감사합니다. 주방장님."

이렇게 3년간의 짧은 호텔리어 생활을 접게 되었다.

그리고 회사를 그만두자마자 시작한 또 다른 나의 도전!

어렸을 때부터 유아세례를 받고 성당을 다녔다. 종교를 떠나서 지금은 서거하셨지만 대한민국 국민들이 인정하는 김수환 추기경님을 존경했다. 군 생활 전역 후 도전했다 실패한 자전거 전국 일주를 다시 도전하게 되었다. 김수환 추기경님의 추모 라이딩에 큰 초점을 두고 재도전. 열심히 자전거 전국 일주를 하고 17일 후 다시 부산으로 도착한 나! (자세한 자전거 전국 일주 내용은 다음 장에서 소개한다)

자전거 전국 일주를 끝내고 이 책을 한 번 더 읽어 내려가는데 이 책 마지막 뒤편에 적혀 있는 『가슴 뛰는 삶』의 저자가 운영하고 있는 회사와 자신의 꿈을 하나하나 설정하고 뚜렷하게 청사진을 만들 수 있는 워크숍이 있어 그 회사에 전화를 했다.

"안녕하세요! 『가슴 뛰는 삶』을 읽고 연락드린 부산에 거주하고 있는 정지호입니다. 셀프과정이 있던데 무슨 교육 과정인가요?"

"예! 교육과정은 나를 이해하는 시간부터 자신이 원하는 일이 무엇인지를 찾고 워크북에 미래를 스케치해보면서 여러 사람들과 공유할 수 있는 시간을 가지는 것입니다."

딱! 내가 원하는 그 시간이었다.

상담원과 통화하고 교육비를 입금했다. 마음이 가면 바로 실행에 옮기는 스타일이다. 기차를 타고 들뜬 마음으로 서울에 도착했다. 이틀간의 셀프리더십 교육 시간 동안 사무실 주변에 위치한 찜질방에서 피로를 풀고 숙박을 하면서 교육을 받았다. 처음 자기소개를 하면서 어색함은 있었지만 '여기서 나의 꿈과 진로를 명확하게만 설정할 수 있다면 이 정도 작은 노력은 아무것도 아니다.' '과연 자신이 정말 원하는 직업과 진로를 찾은 사람이 대한민국에 몇 명이나 있을까?' 대부분의 사람들은 하루하루 충실히 살아가면서 자신의 원하는 꿈을 찾고 있을 것이다. 나 또한 그랬다. 실업계고등학교를 졸업해서 할 일은 없었고 군대라도 빨리 갔다 오자는 생각에 군 생활을 일찍 선택했다. 그 집단에 속하면서 직업군인(부사관) 진로를 자연스럽게 알게 되어 과감하게 선택한다. 그 선택은 적중했고, 25살 나이에 사회경험과 5천만 원 이상의 목돈을 마련할 수 있었다.

이렇게 사람들은 자신이 정말로 원하는 일을 단번에 찾기보다는 순간순간 주어진 업무에 충실하면서 자신이 원하는 일을 찾아가는 것 같다. 하나의 직업을 경험해보다 가끔씩 다른 것들이 눈에 들어오면서 다시 선택한다. 그러다 우연하게 자신의 일을 찾아가는 과정들을 거치게 된다. 물론 아닌 경우도 있지만, 나 또한 서울에 올라가서 찜질방에 자면서 나의 진로를 조금 더 뚜렷하게 찾고 싶었다. 누구보다 간절한 마음으로. 교육이 마무리되면서 나는 평소 생각했던 내용을 정리해서 워크북에 6컷의 미래스케치를 그렸고 같이 교육받은 동기생들에게 나의 꿈과 진로를 발표했다.

"안녕하세요! 여행객들에게 즐거움을 주는 게스트하우스 주인장 정지호입니다. 지금부터 저의 인생 이야기를 해드리겠습니다."

한 명의 변화, 천 명의 꿈

첫 번째 그림부터 6번째 그림까지 많은 사람들 앞에서 나의 미래 스케치를 발표하는데 '어~! 사람들에게 나의 꿈이라고 발표는 하고 있지만 진정 내가 원하는 일은 아닌데.' 아마 나뿐만이 아니라 이 교육의 커리큘럼을 따라온 교육생들 중 몇 명은 나처럼 그렇게 생각하는 듯했다.

나의 꿈과 진로, 내가 좋아하는 일이 무엇인지 잘하는 일을 안다는 것은 그렇게 쉽지는 않다. 몇 권의 책과 며칠의 교육으로 그것을 찾을 수만 있다면 이 당시 교육비의 10배 이상이라도 투자할 마음이 있다. 그만큼 간절한 마음으로 서울에 교육을 받으러 왔다.

이런 교육을 받으면 현재 가장 하고 싶은 일과 직업을 찾아 교육 진행을 하게 되며, 교육생 생각을 작성해 발표시킨다. 어떤 이는 이게 나의 꿈이 아니지만 작성하고 발표를 하다가 '아~ 이 길도 괜찮겠다.'라고 생각하는 사람도 있다. 100세 시대에 사람들은 몇 번의 직업을 바꿀까? 정년이 65세라고 기준을 잡아도 35년은 더 살아가야 한다. 고령화, 저출산 시대에 20~30년 뒤 어떤 직업들이 생겨나고 없어질까?

이렇게 내가 읽었던 『가슴 뛰는 삶』 책은 나에게 동기부여가 되었고, 교육장에서는 나의 꿈을 더 구체화시키는 시간을 가졌다. 확실한 것은 내가 원하는 간절한 꿈과 직업은 아니었지만 당시 내가 선정했던 게스트하우스 주인장에만 포커스를 두고 생각했다. '일을 하다 보면 외국 사람들도 많이 오겠지? 그러면 영어는 필수겠다.' 그래서 생각한 플랜이 호주 워킹홀리데이다. 호주에 가서 워킹홀리데이 생활을 즐기기 위해 관련 책을 읽어보니 기초영어가 안 되면 호주에 가서도 농장 일만 한다는 사실을 알게 되었다. 호주에 가기 전 필리핀으로 가서 짧은 어학연수 기간 동안 기초영어라도 공부해서 호주로 가자고 다짐했다. 진로에 대해 고민하면서 정보를 알아보니 게스트하우스보다 필리핀에서 어학연수를 하고 호주로 넘어가 생활하면서 요리학교에 등록하자는 또 다른 꿈이 생겼다. '중심 없이 자주 왔다 갔다 하는 모습' 그러다 알게 된 영주권. 미용, 조리학과에는 영주권을 따는 데 조금 더 높은 점수를 준다는 것을 알게 되었다.

지금 생각해도 내가 가고자 하는 뚜렷한 방향 설정이 안 되어 있으니 이 책을 읽으면 이쪽으로 도움 되는 영상과 지인의 말을 들으면 저쪽으로 결정을 하게 되었다. 또 다른 책과 정보를 습득하면 또 다른 목표 설정을 하며 자주 달라지는 모습을 보고 스스로 한심스러웠다. 그렇다고 가만히 앉아 있을 수는 없었다. 목표를 설정했으면 일단 해보자! 필리핀으로 가기로 결심했다.

'가보자! 영어가 안 되면 여행이라도 신나게 하자.'

혼자서 해외여행을 가는 것은 나에게는 큰 도전이었다. 그러나 필리핀 어학연수 관련 학원과 업체들을 찾아보는 행동이 설렘으로 다가왔고 매우 즐거웠다. A~D까지 다양한 어학연수 업체들을 만나서 미팅을 하고 궁금한 점과 제일 중요한 가격과 다양한 혜택을 비교 분석했다. '어떤 일을 이렇게 열심히 했던 적이 있던가?'

내가 선택한 어학연수 학원은 SME라는 업체였다. 설레는 결정의 순간! 전화 통화를 하면서 자세한 일정설명에 확신이 생겼고 결정을 했다. 나의 첫 번째 해외여행 겸 어학연수는 필리핀이었다. 또 다른 꿈과 비전을 찾기 위한 시간! 필리핀으로 가기 전까지 영어공부를 해야 했지만 친구들과 만나 신나게 놀기 바빴다. '이래도 되나? 가서 공부하지 뭐! Go!'

무슨 일이든 안 해보고 후회하는 것보다는 일단 질러보는 것이 좋지 않을까? 또 다른 삶을 기대하면서 말이다.

5

필리핀 어학연수를 가장한 4개월 여행

어학연수를 간다고 영어가 느는 것은 절대 아니다. 마음만 있다면 국내에서도 영어권 나라처럼 생활하면서 충분히 습득할 수 있고, 마음의 문제인 듯하다. 지금 생각해보면 나는 비싼 돈을 지불하고, 영어를 배우러 간 것이 아니라 신나게 여행을 간 것이다. 새벽까지 잠도 자지 않고 관련 책과 인터넷을 검색하면서 어학연수에 대한 정보를 알 수 있는 박람회를 찾았다. 그중 부산에 어학연수 전문 설명회를 찾아가서 자세한 설명을 듣고 4개월간의 어학연수비를 선결제하고 집으로 돌아오는 길, 나의 마음은 벌써 필리핀에 가 있었다. 금전적 그리고 시간적으로 아주 큰 결심을 한 것이다.

설명회에서 받은 작은 크기의 파란색 저렴한 캐리어가 마음에 들었다. 4개월간의 길지도 짧지도 않은 어학연수, 이민 가는 것도 아니고 작은 캐리어 안에 꼭 필요한 옷과 생필품을 챙겼다. 캐리어의 지퍼를 열고 여름 계절에 어울리는 반바지와

한 명의 변화, 천 명의 꿈

반팔 티셔츠 그리고 각종 생필품들을 간소하게 챙겨서 차곡차곡 정리했다. '배낭과 캐리어를 정리할 때마다 기분이 좋아진다. 나만 그런가?' 그리고 아웃도어 배낭에 어학연수에 필요한 여권과 서류 포함해 휴대 품목들을 챙긴다. 캐리어 포함해 배낭까지 적당한 무게로 세팅을 마무리했다. 5년간의 군 생활을 통한 습관인지 태어날 때부터 그랬는지는 모르겠지만 짐을 최대한 간소화해서 다닌다. 군인들에게는 작은 공간에 사계절 옷과 생필품들이 군장 속에 다 들어갈 수 있게 항시 준비하고 언제든지 출동할 수 있게 훈련한다. 나에게는 재미있는 놀이였다.

짧은 시간 짐도 다 싸고, 내일 비행기를 타는데, 설렘인지 긴장감인지 잠이 오질 않았다. 뜬눈으로 꾸역꾸역 잠을 청하고, 아침을 맞이했다. 어머니께서 아침 일찍 모락모락 갓 지은 쌀밥에 구수한 냄새의 된장찌개와 계란말이로 잘 다녀오라는 말을 대신한다. 아주 먹음직스럽게 차려준 아침 밥상 앞에서 감사의 기도를 하고 뜨거운 쌀밥을 한 숟가락 푹 퍼서 "호~ 호" 불어가며 어머니 앞에서 맛있게 먹었다. 구수한 된장찌개 한 모금과 보슬보슬한 흰쌀밥 한 입에 김치 한 조각이면 이게 진수성찬이다. '말이 필요 없이 최고의 밥상'이다. 이렇게 매번 내가 좋아하는 몇 가지 음식들을 함께 차려주는 어머니 음식 솜씨는 최고다.

어머니는 귀찮을지 모르겠지만 나는 외식보다 집밥을 좋아했고 즐겨 먹었다. 그리고 부모님이 드시고 싶은 고기 메뉴는 식당에 가서 넉넉하게 사 드렸다.

캐리어를 끌고 광안 지하철역으로 이동했다. '드디어 출발하는구나. 야호~!' 대중교통을 이용해서 김해공항에 도착했다. 공항은 언제나 기분 좋고 즐거운 곳인 듯하다. 국내선, 국외선 간판을 보고 국외선으로 힘차게 캐리어를 밀면서 이동했다. 오래간만에 타보는 비행기 일정으로 혹시나 하는 마음에 한 시간 반 전에 도착해서 동선을 체크했다. 혼자서 모든 것을 처리해야 한다는 생각에 조금 긴장한 듯 주변을 한참 돌아보고 해당 항공사에 가서 비행기 티켓을 수령하고 이륙 전후 설명을 들었다. 짐도 수화물 칸에 보내고 나니 점점 실감이 나기 시작했다. 혼자서 가는 여행은 처음이고, 어학연수 또한 내 인생에서 없을 줄 알았던 생각도 안 해본 일이었기에 더 이상하게 다가왔다. 명목상으로는 가족과 지인들에게 영어공부를 하러 간다고 했지만, 나는 숙박도 하면서 영어도 배우고 그 배운 영어를 가지고 현지 사람들과 대화도 하면서 필리핀 세부지역을 구석구석을 여행하는 게 가장 큰 목표였다.

비행기 탑승 시간이 다가왔다.
"이번 비행기는 필리핀 세부로 가는 비행기입니다. 탑승하시길 바랍니다."
가을 옷 복장에 배낭 하나를 메고 탑승했다.
"비행기 이륙합니다."

‘와우~ 드디어 가는구나.’ 한참을 구름과 하늘을 바라보면서 가다가 승무원이 영어로 된 출입국 신고서를 준다. 이마에 땀이 흐르는 듯 난감했다. 영어를 모르기 때문에 승무원을 불러서 하나하나 물어보면서 작성했다. 완성하고 나니 뿌듯했다. 물론 승무원에게 물어서 작성했지만 ‘뭐 어때? 모르는 것은 부끄러운 것이 아니다. 배우면 되지.’ 나는 이 정도로 영어의 기초도 없는 상태로 어학연수를 떠났다.

필리핀 세부공항은 아주 작고 아담했다. 필리핀은 날씨 탓인지 출입국장에서부터 심사하는 데 많은 시간을 소비했다. 기후 탓인 듯 사람들이 느리다. ‘마음을 비워야 함’을 되뇌었지만 우리 대한민국 사람들이 보는 입장에서 답답할 정도로 느리다. 입국심사를 끝내고 한국 가이드가 A4 용지에 [SME 어학연수] 팻말을 들고 기분 좋게 웃는 얼굴을 하고 반겨주었다. 나처럼 혼자 온 사람들과 함께 준비되어 있는 차량에 탑승해서 이런저런 안내사항과 함께 이동하면서 주변 설명을 해준다.

어학원이 있는 곳은 ‘에스까바우’라는 동네에 위치해 있다. 차량이 건물에 도착하니 서로의 신분을 확인하고, ‘철커덩!’ 아주 큰 철창문이 열리면서 레밍턴 총을 들고 있는 안전 담당 보안요원 두 명이 우리를 보고 웃음을 보인다. ‘세상 밝은 모습’으로 하얀 이빨을 드러내면서 반겨준다. ‘아~ 필리핀에서는 총기를 합법적으로 가지고 있을 수 있고 사고도 많이 난다고 하는데 조금 걱정스러웠다.’ 학원의 분위기는 3층 건물이 양쪽으로 되어 있었고 습하고 더운 날씨에는 야외 활동하기에는 힘들 듯했다. 입구에서 간단한 설명을 듣고, 방 번호와 키를 받고 나의 4개월 생활을 할 방으로 이동했다.

개개인 침실이 있고 화장실 겸 샤워장이 있다. 3인실인데 룸메이트는 영어가 서툰 타이완 사람으로 이름은 [마크]인 친구와 공군 부사관 현역이신 형이랑 함께 지내게 되었다. 4개월간 어학원에서 제공해주는 식사는 거의 한식 위주여서 아주 만족하면서 즐겼고, 아침, 점심으로 그룹 영어 시간과 1:1 개별 프리토킹 시간을 가지면서 어학연수를 했다. 영어 레벨이 있는데 처음 테스트할 때부터 나는 제일 낮은 등급으로 수업을 받았다. 함께 하는 사람들이 의외로 많았다. 서로서로 수업 시간에 어린아이들처럼 부끄러워하고 영어로 말 한마디 하면 서로 박수쳐주면서 좋아했다.

하루 일과가 끝이 나면 자유 시간이 주어지는데 보통 몇 명씩 뭉쳐서 다니는 데 반해 나는 혼자서 현지인들과 어울리는 것을 즐겼다. 주변 시장 투어와 매주 주말에는 꼭! 천주교가 국교인 필리핀의 성당에 가서 미사를 드렸다. 새들이 날아다니는 성당에는 현지 사람들이 한국 사람이 여기 와서 미사 보는 것이 신기한지 흘낏흘낏 쳐다볼 때면 눈웃음으로 답해주었다. 그리고 어학원 주변 주민들과 친해지고 싶어 외출할 때마다 인사를 먼저 하면서 다가갔다. 가끔씩 몇 페소를 걸고 미니 당구대에서 당구도 함께 치면서 즐거운 시간을 보내며 어학연수 생활

한 명의 변화. 천 명의 꿈

을 했고, 그 이후 시간은 관광지 겸 휴양지인 필리핀 세부의 섬들을 하나하나 여행하기 시작했다.

한국 동생들과의 여행부터, 한국 사람은 나 혼자이고 나머지 일행은 타이완 사람으로 해서도 여행을 다녔다. 한번은 튜터 몇 명과 친한 동생들이 함께 가면서 규칙을 현지인들 여행 스타일로 무조건 따라 하기로 약속하고 여행에 임했다. 교통수단도 불편하고 현지 음식이 그렇게 입맛에 맞지 않은 동생들도 있었다. 나뭇잎과 나무로 되어 있는 낡은 식당에서 아주 큰 도마뱀도 보면서 새로운 추억을 쌓아갔다. 이 시간 아주 좋은 호텔에서 해변 앞 모래 위 서양인들이 야외파티 하는 모습과 상반되었지만 우린 이들이 즐긴 후 모래 위 아주 푹신한 소파를 두고 간 것을 보고, 다가가 앉아 다 같이 하늘을 보면서 어두운 하늘에 그림 그린 듯한 별들을 보며 한동안 말없이 쳐다만 보고 있었다. 그때 10분 간격으로 별똥별이 두 차례 떨어졌는데 소원을 빌기보다는 별똥별을 봤다는 자체가 신기했다. 각자의 손에는 값싼 맥주와 하늘의 별을 안주 삼아 서로 매끄럽지 않은 영어와 한국어를 사용하면서 추억을 만들어갔다.

사실 영어실력보다는 필리핀 언어인 타갈로그 실력이 좋아진 듯 엉터리 어학연수 생활을 하고 있었지만 이보다 좋을 수 없었다. 나에게 어학연수는 현지인과의 추억 쌓기 여행이었다.

6
소박한 가정을 꾸리다

　나에게도 평생 함께 살아가야 할 동반자가 생겼다. 혼자 살 때와는 또 다른 생활의 시작이다. 욕심 없이 소박한 가정을 꾸리는 삶. 같은 회사에서 함께 일을 하면서 서로에 대한 호감이 있었다. 서울에서 거주하고 있었지만 둘 다 고향이 경상도였다. 나는 부산이고, 와이프는 김해. 사실 짧은 프리랜서 생활을 하면서 직원이 아닐 때 서울 본사에 교육을 받으러 몇 번 왔다 갔다 하면서 교육업체 직원이었던 와이프를 자주 보았다. 한번은 부산으로 가는 기차표가 없어 사무실에서 어렵게 티켓을 구매하고 있는 모습을 보고 사무실 회계 담당 여직원이 옆에 와서 친절하게 부산으로 가는 KTX 표를 끊어주었다.

　'뭐지? 이 분위기는?' 그렇게 얼굴만 알고 지낸 채 가끔씩 부산에서 서울로 왔을 때 한 번씩 보게 되었고 TMF(강사 모임) 때 단체 체육대회를 하면서 많은 강사들과 교육업체 직원과 함께 피구 놀이를 하게 되었다. 짝을 지어 한 쌍이 되는 과정에서 자연스럽게 와이프와 한 팀이 되어서 게임을 하는데 내 뒤에 딱 붙어서 공을 피하고 나는 책임을 다해서 이 친구를 보호해줬다. 함께 스포츠와 회식을 통해서 서로에 대해서 조금 더 알아갔다. 그리고 몇 달 뒤 부산에서 초보 강사 활동을 하고 있던 나에게 서울 교육원에서 포항에서 2주일 동안 교육보조 강사 요청이 들어왔다. 함께 일하던 부산 대표와 의논 후 2주간의 교육보조 활동에 전념했고, 이런 모습을 좋게 보았는지 서울 교육원에서 전화가 한 통 왔다.

"정지호 씨, 서울에서 함께 일해보시지 않겠어요?"

부산에서 활동하고 있는 몸이라 "예! 고민해보고 연락드리겠습니다." 전화를 끊고 다음 날 부산 대표와 대화를 나눴다.

"본사에서 함께 일했으면 좋겠다고 연락이 왔는데, 대표님은 어떻게 생각하시나요?"

부산 대표는 나를 설득했다.

"나도 예전에 서울에 가고 싶었는데 지호 씨에게는 좋은 기회네요. 다양한 경험도 하고 아쉽지만 가서서 많은 것을 배우면 도움이 될 겁니다."

함께 부산에서 활동했던 대표의 말에 내심 '그래도 부산에서 함께 활동했으면 합니다.'라는 말을 기대했는지 섭섭한 마음이 있었지만 한편으로 나에게는 좋은 시간과 경험일 듯해서 수락했다.

그리고 2011년 7월 1일 자로 입사했다. 일반 직원들보다 나이가 많아서 그런지 대리라는 직함을 가지고 교육업체에서 회사 생활을 시작했다. 열심히 일을 하다 점심 식사도 함께 하고 저녁에도 나이가 비슷한 직원들끼리 차도 마시고 이야기도 하면서 우리는 자연스럽게 친해졌다. 한번은 무서운 연극을 보러 갔는데 직원들이 나와 아내를 연결해주려고 나의 옆자리에 자리를 배치하고 함께 연극을 보기 시작했다. 조명이 켜지고 어두침침한 공간에서 바람 소리 하나 들리지 않는 무대에서 갑자기 극장 앞에서가 아니라 뒤에서 몇 명이 먼지떨이 같은 긴 장비를 이용해서 어두운 극장 관객들의 머리 위로 슥~~~ 만지면서 지나가는 것이다. 다들 비명과 함성을 지르며 놀라고 있는데 아내는 무섭다는 핑계로 나에게 꽉! 안겨 있었다.

'이 친구가 나를 좋아하나?' 흔히들 이런 상황일 때 남자들이 착각하는 경우도 있지만 나도 좋은 감정을 가지고 있었다. 연극을 보는 건지… 서로의 좋은 감정을 확인하면서 하루하루를 보내고 있을 때! 내가 먼저 용기를 냈다.

"주말에 뭐 하세요? 시간 되시면 저희 동네 구경하실래요? 식사도 하고."

"예, 좋아요. 그럼! 토요일에 봐요."

월요일부터 일을 하면서 천천히 오는 토요일을 기다리고 있었다. 토요일 당일 오금역에서 아내를 만났고, 봉사 단체가 운영하는 커피숍에서 아메리카노와 과일주스를 주문하고 어색함을 없애기 위해 회사 이야기로 시작을 했다. 약간의 어색한 분위기가 점점 없어지려 할 때 한참을 이야기하고 있는데 나에게 약간은 떨리고 수줍은 말투로 말했다.

"나! 남자에게 먼저 고백한 적은 처음인데, 오빠가 좋아요."

기분 좋은 감정, 서로 좋아한다는 말과 함께 카운터에서 계산을 하고 딸랑거리는 종소리를 들으며 문 열고 커피숍을 나오는데 그날 커피향이 유독 찐하게 느껴졌다.

어색하게 길을 걸으며, 손을 잡을까 말까 고민한다. 1분 뒤용기 내어 자연스럽게 손을 잡았다. 이 순간부터 나와 아내는 서로 좋아하는 감정을 느끼고 누가 먼저 사귀자고 이야기한 적도 없이 자연스럽게 연인 관계가 되었다. 집 주변에 몇 개 식당 중 삼겹살집에 앉아 소주 한잔과 잘 익은 삼겹살을 먹으며 즐거운 시간을 보내고, 자연스럽게 자취하고 있던 나의 방을 소개해줬다. 남자는 여자보다 꼼꼼하지 못하다는 것을 느꼈다. 아내가 우리 집에 와서 처음 내뱉은 말은 "너무 습하네요." 5평 남짓한 원룸에서 잠만 자기에는 불편함이 없었지만 여자의 섬세한 눈길로 이 집을 봤을 때는 거의 최악의 수준이었다. 습한 집으로 인해 부산에서 가지고 왔던 기타 줄은 녹이 슬어 있었고, 필리핀 여행에서 구매한 가죽 가방에는 곰팡이가, 그리고 쌀과 집 천장 구석구석에 곰팡이가 피어 있었다.

자취를 처음 하는 나로서는 공인중개사의 좋고 싼 집을 추천 받았다 생각하고 지냈지만 아내는 이 집이 그 월세 값이면 너무 터무니없고 엉망이라고 했다. 뒤돌아보니 잘 때 기침도 자주 나온 듯하기도 하고 2년 계약을 하고 산 지 1개월 되었지만, 아내는 똑부러지게 말했다.

　　"여기 주인 만나서 곰팡이 등 보여주고 다른 방이 있나 확인하고, 아니면 계약 취소하고 다른 곳으로 옮겨요."

　　주인에게 살고 있는 방의 모습을 보여주었다.

　　"많이 습하죠? 저희 집에 있는 큰 가습기가 있는데 빌려드릴 테니 사용하시면 어떨까요?"

　　'원인을 파악하기보다는 그 상황을 모면해서 계약을 유지하려 하시는 건가?' 아내와 둘이 상의해서 남는 방도 없고 계속적으로 곰팡이가 생기는 원룸 방에서 살면 건강에도 아주 치명적일 듯 판단해서 계약을 해지하기로 결정했다. '와이프 아니었으면 그냥 곰같이 살았을 것이다. 감사하다.'

　　만약 그 당시 여자 친구를 집에 데려오지 않았다면 이런 상황에서도 '집이 습하다는데 어쩌겠어.' 하고 하루하루 지내며 계속 2년 동안 살았을 가능성이 컸다. '이래서 집을 볼 때는 여자와 함께 봐야 한다고 하는구나.' 집주인의 관리 부실로(부실 공사로 집을 지은 듯) 한 달 만에 계약을 해지하고 나는 다른 곳에 집을 알아보기로 했다. 당시 아내는 봉천동에서 자취를 했고 나 또한 근처에 살면 출퇴근도 같이 하고 시간도 많이 보낼 수 있겠다 생각해서 아내가 추천한 봉천동 근처인 신림동에 원룸을 구했다. 둘이 손잡고 발품을 팔아가면서 데이트 겸 집을 구했다. 아내 집과 나의 집은 걸어서 15분 거리여서 이때부터 몰래 사내 커플로 지내며 출퇴근도 같이 했다.

물론 함께 일하는 젊은 직원 몇 명은 우리의 연애 사실을 알게 되었고 다른 상사들은 전혀 눈치를 못 챘다. 출근길에 함께 내 차로 회사까지 와서 사무실에 들어갈 때는 아내가 먼저 들어가고 내가 3분 정도 뒤에 들어가면서 우리 나름대로 긴장감 있게 출근을 했다. 이런 비밀 연애도 우리에게는 재미와 추억으로 다가왔고 이렇게 함께 점심 식사도 함께 하면서 온종일 같이 지냈다. 물론 출장이 많은 직업 특성상 나는 밖에서 활동하고, 와이프는 회사 회계 임무로 안에만 있을 때가 많았지만 퇴근할 때는 함께 발라드 음악을 들으면서 내 차로 퇴근하는 재미가 쏠쏠했다. 상사 뒷담화도 살짝 하면서 말이다. 회사에 들어가서 거의 한 달 만에 사귀게 되었고, 이렇게 비밀 연애로 즐거운 하루하루를 보내고 있었다.

연말 서울에서 TMF 모임에 부산 대표도 서울 교육원으로 올라와서 교육이 끝나고 같이 식사를 했다. 한겨울이었는데 덩치도 크신 분이 흰색 패딩을 입고 와서 나의 서울 생활을 물어보신다.

"지호 씨, 서울 생활 어때요?"

"예! 잘 지내고 있어요! 그리고 회계 직원 아시죠? 그분과 좋은 만남 가지고 있습니다. 대표님."

부산 대표는 놀란 기색이 역력했다.

"예? 회계 직원이면 예쁘장하게 생기신 그분? 와! 서울에 올라온 것도 성공했는데 배우자 될 사람도 만났네요. 축하합니다."

목소리에서 진심으로 축하함을 느꼈다. 나 또한 부산에서 갈팡질팡 나의 진로를 찾고 있을 때 우연히 음식 장사를 할까? 교육업체 쪽에서 일할까? 고민하고 있을 때 부산 대표님을 만났고 그 이후 서울에 상경해서 다양한 경험과 교육을 배우고 있는 것에도 감사한데 여자 친구까지 생겼으니 내 나름 서울 생활을 아주 잘하고 있다고 생각했다. 아내는 지금도 이때 이야기를 하면 항상 이렇게 말한다.

"내가 오빠를 구제해줬지! 입김 나는 한겨울에 촌스러운 검은색 코트에 아주 빨간 목도리를 하고 얼굴은 촌병인지 뻘게 가지고 온 노총각을 이 한 몸 희생했지."

그러면 나는 이렇게 대꾸한다.

"어~! 먼저 나 좋다고 한 사람이 누구더라."

1:1이다. 그리고 매번 같은 스토리가 반복된다. 친한 지인들과도 누가 먼저 고백했는지 이 이야기로 몇 시간을 떠들면서 보내곤 한다.

물론 찬바람이 쌩쌩 불 만큼 일반 연인들이 하는 것처럼 싸우기도 했다. 나는 결혼을 일찍 하고 싶었고, 아내는 시간을 가지고 천천히 준비하자는 등 여러 가지 이유가 있었다. 부산에 계신 부모님에게도 인사드렸지만 무엇 때문인지 아내는 본인 부모님에게 나를 소개해주지 않았다. 이런 섭섭한 마음에 아내가 무슨 생각을 하고 있는지 잘 몰랐고, 이야기하면서 서로의 감정을 이해해주지 못하고 가끔씩 싸웠다. 나중에 돼서야 부모님께 소개를 일찍 시켜주지 못한 부분들과 처갓집의 분위기를 알 수 있었고 지금은 농담처럼 장모님과 함께 술 한잔하면서 이야기도 한다.

집에서 내가 연애한다는 소문을 듣고 남동생이 제수씨와 함께
"형이 여자 친구를 사귀니 우리가 확인하러 가자."
차를 타고 서울까지 형수를 보러 왔다. 4명이서 이런저런 이야기를 하고 서울에 온 김에 함께 관광지와 명동성당에서 미사도 보고 즐거운 시간을 보냈다. 아내는 무교였지만 천주교에 대한 거부감이 없어 함께 갔다. 벌써 이때가 엊그제 같은데 지금은 각자 가정을 꾸려 가끔씩 만나서 음식도 만들고 여행도 함께 다니는 가족이 되어 있다.

연애한 지 2년 차 정도 됐을 때 회사 대표부터 부장까지 우리의 연애 사실을 뒤늦게 알았고 축하보다는 걱정을 많이 했다. 혹시나 젊은 사람들이 사내 연애를 하다가 안 좋게 끝나는 것을 대비한 듯 우리 연애에 간섭을 하고 싶었나 보다. '성인들

이 알아서 잘 할게요.' 재미있는 회사다. 이뿐만이 아니라 다양한 에피소드들이 많다.

회사의 경영 사정으로 서초동의 아주 고가 빌딩에 2개의 사무실을 사용하고 있다가 강남 안쪽인 개포동 쪽에 사무실을 이전했다. 당시 대표도 바뀌고 구조조정이 많이 된 상태에서 분위기도 뒤숭숭했다.

예전에 있던 사무실에 근무하던 경비 아저씨들과 작별 인사를 하고 다음 날부터 개포동으로 출근을 했다.

여기서 몇 달 후 아내는 다른 목표를 가지고 회사를 그만두고 건설업체 쪽으로 들어갔다. 나 또한 회사에서 근무하면서 프리랜서 강사의 꿈을 키워갔다. 서로 다른 회사에서 일하면서 우리들의 소박한 가정생활을 꾸리기 위해 노력했다.

7

긍정과 부정의 습관(자동차 사고)

사람들의 장점을 보기보다 단점을 찾아서 이야기한다면 누가 이 사람을 좋아하겠는가? 그러나 나는 장점보다는 단점을 찾는 것에 익숙해져 있다. 주관적인 생각이지만 장점을 상대방에게 이야기하면 긍정적인 인상을 심어주고 단점을 이야기하면 부정적인 인상을 심어주는 듯하다. 많은 사람들이 이 사실을 알고 있으면서도 사람들의 장점보다는 단점을 찾아 몇 명만 모여도 속닥속닥 남 이야기하기 좋아한다.

포털사이트 검색을 해보면 2019년 기준 전 세계 인구는 77억 명을 뛰어넘는다. 77억 명의 인구를 100명으로 축소해서 보면 물 부족 국가, 테러가 일상인 나라를 제외하고, 대한민국 대부분의 국민은 의식주 해결되며, 의무교육을 받고 있으니 전 세계에서도 높은 수준의 삶을 살고 있다. 그러나 우리는 가지고 있는 것에 대한 소중함보다는 하나라도 더 벌고 가지려 하는 경향이 있다.

사람의 욕심은 한도 끝도 없다. 내가 백만장자가 되겠다. 이건 욕심이 아니다. 그러나 내가 백만장자가 되기 위한 노력은 하지 않고 바라기만 한다면 이것은 욕심이다. 우리는 그러한 욕심 속에서 살아간다.

욕심은 가지는 것이 아니라 버리는 것이다. 버리면 현재 나의 삶이 얼마나 감사하고 행복한지를 깨우치게 해준다. 하지만 일상생활을 하다 보면 또 다른 무언가를 요구하고 자꾸 욕심이 생긴다.

현재 가지고 있는 것에 만족할 줄 아는 삶이 긍정이고, 더 가지려고 하는 삶이 부정이라고 이야기하는 것은 아니다. 자신의 살아가는 라이프에 만족하면서 주변에 선한 영향력을 주는 삶이 긍정적인 삶이 아닐까라는 생각은 해본다.

보통 차량 사고가 나면 긍정적인 생각보다는 부정적인 생각이 커지면서 화가 나기 마련이다.

2012년 11월 29일. 서울에 거주하면서 교육업체에서 일할 당시 평소와 비슷하게 아침조회를 끝내고 대부분의 직원들은 사무실에서 업무를 보고, 나는 내 자동차에 시동을 걸고 영업을 하러 양재 방향으로 이동했다. 차를 타고 3차선 도로에서 1차선으로 이동 중에 기름 넣는 화면에 노란색 불이 들어와 있었고 조금씩 이동하면서 결국 빨간색 불이 들어왔다. 도로 주변에 주유소는 없었고 빠져나와야 주유소가 있는 상황인데 사전에 미리 주유를 하고 이동을 했어야 맞는 건데 '이 정도야 갈 수 있겠지'라는 안일한 생각으로 큰일이 발생했다. 엑셀을 밟아가며 잘 가고 있던 차는 서서히 주행을 멈추기 시작했고 평소 같은 압력으로 엑셀을 밟아보았지만 그냥 숙~~ 들어가는 느낌만 들 뿐 전혀 차량에 힘을 주지 못했다.

'뭐지? 차가 고장이 났나? 큰일이다.' 1차선에서 2차선으로 옮기려고 하는데 출근길 끼어들기도 힘든 상황에 결국 차와 함께 나는 1차선에 서버리고 말았다. 얼른 내려서 안전삼각대를 멀리 설치하고 1차선으로 오는 차들을 손동작을 해서 2차선으로 보내기 시작했다. 1대를 보내고 2대, 3대, 7대, 8대, 9번째 차량인 봉고 승합차가 달려왔다. 얼핏 봐도 운전자는 휴대폰을 쳐다보고 있었고, 더 크게 손을 흔들고 소리를 쳐보았지만 그 차는 앞에 정차되어 있던 나의 차를 뒤늦게 발견하고 급브레이크를 밟았다. 쾅! 소리가 아주 크게 들리면서 1차선에 있던 나의 차량은 반대편 도로에 세워진 시멘트 블록을 받았고 차량의 트렁크 부분은 다 박살이 날 정도로 큰 사고가 났다.

내 차를 걱정하기보다는 운전자의 안전이 우선이었고 달려가서 보니 피가 조금 흐르며 기절한 상태로 머리를 핸들에 기대고 있었다. 이런 상황인데도 나름 침착하게 스마트폰을 꺼내서 119에 전화를 했다. "여보세요. 양재 도로인데요."

주변을 돌아보며 눈에 띄는 건물들을 이야기했고, 119에 전화한 내용을 어떻게 알았는지 제일 처음 온 차량은 항상 주변에서 대기 중인 견인차였다. 봉고차 운전자는 안전하게 구급차량으로 이동했고 나는 내가 들고 있는 보험사에 전화를 해서 사고처리를 맡겼다. 민간 견인차량이 먼저 나의 차에 고리를 걸었고, 이런 상황에서 보험사와 견인차량 측의 음성이 높아지면서 말싸움에 이어 몸싸움을 하려 하자 싸움을 중재했다. 결국 나는 민간 견인차량으로 경찰서까지 이동해서 많은 돈을 이동비로 지불해야만 했다.

무서운 세상이다. '다른 사람의 사고를 기다리는 사람들.' 경찰서에 가서야 정신을 차리고 회사에 자초지종을 이야기하고 대중교통을 이용해서 회사 근처로 이동했다. 양재천을 걸어가면서 오늘의 사고에 대해 생각하는데 눈앞에 헌혈의 집을 발견하고 무슨 생각인지 사고 직후인데 들어가서 헌혈을 했다. 그것도 평소에 하는 헌혈보다 더 기쁜 마음으로. 아마 내 차는 지금 엉망이 되었지만 이렇게 멀쩡하게 살아 있는 것에 감사하는 마음이었던 것 같다. 헌혈을 하면 주는 선물이 있는데 이날만큼은 선물을 받지 않고 [헌혈에 참여해 주셔서 감사드립니다. 기부하신 소중한 금액은 지정한 기부처(프로그램)에서 유용하게 사용됩니다] 기부권(₩3,500)으로 대체했다. 작은 기부권이지만 물 부족 국가(식수 및 위생시설 지원 사업)에 나누어본다. 대한적십자사 기부권에 이렇게 작성해두었다. '2012.11.29. 차량 사고 후 회사 오면서 헌혈(나눔 실천). 차는 엉망이지만 그래도 몸은 아무 이상 없으니 조금 더 나누며 살게요!' 헌혈증서와 함께 기분 좋게 회사로 이동했다. 누가 보면 이상하게 생각할 수 있었겠다.

회사 차량도 아닌 자가 차량을 가지고 영업을 하러 가는 길에 차량 사고가 났는데 기분이 나쁘고 화가 나는 것이 아니라 이 정도 사고여서 다행이라 생각했다. 조금 놀랐을 뿐 당시 차량 밖에 있어 몸은 멀쩡했지 만약에 차량 안에 있을 때 사고가 났다면 생각만 해도 아찔하다. 내 몸이 멀쩡하다는 마음이 더 커서 이왕 사고가 난 거 긍정적으로 생각하면서 조금 더 살아 있을 때 주변을 돌아보고 나누면서 살아야겠다고 헌혈을 하게 되었다. 이 차량 사고를 접하면서 긍정적인 생각만 했냐? 그렇지 않다. 운전자가 차량의 결함이라고 주장하며 보험 청구를 했고, 운전자가 기름을 충전하지 않아 차량이 섰다고 이야기하면 수리비 및 보험 적용이 불리할 듯해서 거짓말을 했다. 차량 결함인 듯 이야기했고, 보험 청구를 했다. 서비스센터 전문가는 매우 의심스러운 눈초리로 말했다.

"저희가 전체 사고 차량을 확인했는데 결함 흔적보다는 연료탱크에 기름이 거의 없더라고요."

나는 순간 당황했다.

"그럴 리가 없다. 자세히 봐 달라."

어설픈 거짓말을 했지만 수리 전문가들은 다 알고 있었다.

서로서로 좋은 게 좋은 거라고 수리를 잘 받고 경비처리를 할 수 있게 부탁을 드렸다. 자차보험을 들었고 상대방이 앞의 차량을 주시하지 못하고 안전거리 미확보로 뒤에서 박은 거라 8:2로 보험처리를 했다. 사고 난 봉고차량 운전자에게 전화를 했지만 받지 않아 마음속으로 빨리 쾌차하기를 빌었다. 솔직하게 말했어도 처리 비용은 똑같이 받을 수도 있는 건데, 왜 당시 차량 결함으로 몰고 갔을까? 이 사고로 인해 나의 양면성을 보게 되었다.

다시 이 상황으로 돌아간다면 나는 차량 결함으로 사고가 난 것이 아니라 운전자 미숙으로 기름을 충분히 넣지 않아 차량이 섰고 이로 인해 사고가 났다고 이야기하고 싶다. 내 인생 큰 오점이다.

이 사건 후 현재는 조금만 기름이 떨어져도 주유소에서 채우고 마음 편하게 출발한다.

거짓말은 주변 사람들은 몰라도 당사자는 안다. 솔직하게 살자. 그리고 긍정적인 생각과 말과 행동으로 조금 더 베풀고 나누면서 살자. 이 사건으로 내 나름 제2의 인생을 살아가는 느낌으로 살고 있다. 살아 있는 것에 감사하며 말이다.

가슴 뛰는 삶

1

나 홀로 자전거 전국 일주

나 스스로 한계에 도전을 하고 싶었는지 그냥 하고 싶었던 건지 지금 생각해보면 왜 사서 고생을 했을까 생각이 들지만 나는 2번의 자전거 전국 일주 도전과 3번의 제주도 일주를 혼자서 완주했다. 첫 자전거 일주 도전은 25살 군 생활을 5년간 하고 전역 후 일주일 동안은 집안 어르신들에게 인사드리고 삼천리 자전거에서 30만 원짜리 자전거를 구매해서 집에 있는 몇 가지 옷가지와 장비들을 챙겨서 도전했다.

동해안 도로를 따라 울산, 경주, 포항으로 4일째 열심히 페달을 밟고 있을 때 터널이 나타났다. '끌바(자전거를 끌고 가는)를 해야 하나? 아님 자전거를 타고 빨리 쌩쌩 달려볼까?' 여러 생각을 하다가 다행히 터널의 도로 상태도 평탄하고 뒤에 차도 오지 않는 상황이어서 신나게 달렸다. 30초쯤 자전거를 타고 이동하고 있는데 뒤에 승용차 한 대가 지나갔다. "씽~~"

그리고 몇 초 뒤 공사장에서 자주 볼 수 있는 트럭이 지나가는데 승용차가 지나갈 때는 이상이 없던 자전거가 빠른 속도의 트럭이 지나가니 터널 안의 공기압 때문에 휘청하면서 브레이크를 잡았지만 쓰러지고 말았다. '아뿔싸, 만약 뒤에 차가 있다면' 아프다는 생각보다는 두려움이 나의 심장을 삼켰다.

　다행히 뒤에는 차량이 오지 않았고 나는 먼지투성이인 자전거와 옷을 툭툭 털고 무서운 나머지 남은 터널에서의 거리는 왼쪽, 오른쪽에 비상시 사람들이 다닐 수 있는 공간으로 올라갔다. 터널 안 매연을 마시면서 자전거를 끌고 무사히 통과했다. 여기서 나의 자전거 전국 일주는 끝이 났다. 겁을 먹고 나니 '혹시 조금 전 상황에 사고가 났다면 혼자 여행하는 나를 누가 도와주고 119에 전화를 해줄까?' 별의별 생각들이 꼬리를 물면서 나의 첫 번째 자전거 전국 일주 의지를 확실하게 꺾어주었다. 동해안을 타기로 했던 플랜은 방향을 틀어 대구로 향했다.

　군 생활할 때 동갑인 친구를 대구에서 만나 짧은 이야기를 나누고 대구버스터미널에서 자전거와 몸을 버스에 싣고 침묵 가운데 쓸쓸하게 집으로 이동했다. 첫 번째 자전거 전국 일주 실패. 그리고 요리사 생활을 하게 되었고 휴일을 아꼈다가 삼사일 휴가를 만들어서 집에서 TV를 보며 휴식을 취하다가도 "엄마, 나 제주도 자전거 여행 갔다 올게."

　한마디 던지고 바로 광안리에서 부산항까지 자전거를 타고 큰 배에 자전거와 몸을 실어 제주도로 향하곤 했다. 제주항에 도착하니 역시나 부산과 공기가 다르다. 이국적인 풍경과 딱! 자전거 사랑하는 사람들의 1순위 장소이다. 보통 용두암 방향으로 해서 제주도 동서남북을 4일 정도 돌면서 주변 관광도 하고 해안도로 따라 시원한 바닷소리와 특유의 바다냄새를 맡으면서 행복한 시간을 느낄 수 있었다. 물론 제주도에서는 가끔 집에서 풀어놓은 개인지 엄청 큰 개가 500m 지점부터 길목을 차단하고 있기도 하는데, 내리막길일 때는 자전거를 빨리 달리면 되지만, 평지나 특히 오르막길에서 눈이 빨간 개들을 만나면 솔직하게 무서웠다. 한번은 개가 짖으면서 물려고 하는데 자전거를 방패 삼아서 천천히 끌면서 개의 영역에서 빠져나왔고, 또 한번은 미친 듯이 달려드는데 나는 자전거를 타고 이동하면서 왼쪽 발을 반대쪽으로 들어서 발만이라도 물리지 않게 타고 그 순간을 잘 넘긴 기억이 난다.

혹시 독자도 제주도 자전거 여행 중 개를 만나면 당황하지 말고 자전거를 방패 삼아 개 영역에서 빨리 벗어나길 당부한다. 절대 눈을 오래 쳐다보고 있거나 겁먹은 표정으로 소리 지르는 행동은 안 하기 바라면서, 즐거운 자전거 여행이 되길.

이렇게 호텔에서 일을 하다가도 자전거 여행에 대한 나의 로망은 순간순간 살아났다. 자전거 여행을 하고 돌아오면 '언젠가는 다시 자전거 전국 일주를 완주한다.'고 다짐했다.

대학 생활을 할 때도 왕복 25km, 광안리에서 해운대까지 전망 좋은 호텔로 출퇴근할 때도 나는 자전거를 타고 이동했다. 이런 행동들이 나의 소소한 행복과 즐거움이었다. 힘들게 주방에서 생선 잡고 샤워를 해도 사라지지 않는 비릿함을 퇴근길 자전거 바람이 날려주면서 아주 상쾌한 기분으로 퇴근하곤 했다.

2006년경 자전거에 미쳐 살았다. 나름 규모가 있는 자전거 동호회 활동을 하면서 부산, 경남 지역에서 주말이면 온종일 자전거를 탔고, 나의 첫 MTB 자이언트 자전거는 나의 분신이 되어 전국을 함께 돌아다니는 꿈을 키웠다. 자전거를 타는 사람들의 공통점은 그 나름 때 묻지 않은 듯 순수함이 있어 이 동호회에 더 빠져들었다. 한번은 기자가 [태극기 휘날리며]라는 제목으로 우리 동호회에서 광복절에 수십 대의 자전거에 태극기를 달고 라이딩한 사진과 내용을 기사로 썼다(광복절인 15일 '자전거를 사랑하는 부산 젊은이들의 모임' 회원 31명이 광복의 의미를 되새기자는 뜻으로 자전거에 태극기를 달고 부산 대연동을 지나 시내를 일주하고 있다). 그중 7명이 사진에 클로즈업 돼서 찍혔는데 내가 제일 오른쪽에서 2번째로 아주 멋있게 기사화돼서 스크랩했던 기억이 난다.

2006년 월드컵 시즌에는 아주 큰 운동경기장에서 수천 명의 대한민국 국민들이 모여 있는 공간에 달리기하는 트랙과 무대 행사장에 태극기를 꽂고 자전거 동호회에서 퍼레이드 하는 장관을 연출하면 사람들의 박수와 환호성을 받았던 추억도 간직하고 있다. 이 당시 생각하면 '아~ 이게 행복이구나. 나를 가슴 뛰게 한 순간들.' 이렇게 자전거에 조금 더 빠져들 때쯤 첫 번째 실패했던 자전거 전국 일주의 두려움은 다시 열정과 도전으로 바뀌었다. 그리고 그 시간이 왔다. 호텔 요리사를 그만두고 휴식과 재정비를 한 다음 자전거 전국 일주를 다시 시작하기로 결심했다.

스스로 끝까지 완주할 수 있는 남다른 명분도 생겼다. 이 시대 어른이신 김수환 추기경님(한국의 가톨릭 성직자, 추기경, 세례명 스테파노. 1922년 대구에서 독실한 가톨릭 집안의 막내로 출생하여 1951년 사제 서품을 받았고 1969년 교황 바오로 6세에 의해 한국 최초의 추기경이 되었다)이 2009년 2월 16일에 돌아가셨다. 우리 가족 어머니, 아버지 쪽 모두 가톨릭 종교 집안이라 나는 자연스럽게 가톨릭 교인이 되었고 그중에서 김수환 추기경님을 다른 분들처럼 존경했다. 이분이 돌아가셨을 때 종교인 비종교인 따로 없이 대한민국 대부분의 사람들이 안타까워했다. 나 또한 존경하는 추기경님을 위한 작은 무엇인가를 하고 싶었다. 이것이 나 홀로 자전거 전국 일주에 큰 동기 부여와 명분이 되었다.

이렇게 나의 자전거 전국 일주 2번째 도전이 시작되었다. 첫 번째 때와는 장비부터 확연하게 달랐다. 삼천리 자전거를 30만

원에 구입했던 그 자전거는 기부하고 자전거 동호회에서 만난 친한 형의 소개로 큰마음 먹고 구매했다. 자이언트 자전거 숍에서 나의 다리 기장 길이까지 재고 맞춤형으로 구매한 블랙 컬러의 자전거(너무 마음에 든다. 지금도 가지고 있다), 그리고 착 달라붙는 자전거 바지와 고어텍스 기능의 저지와 수십 일간의 안전을 책임질 고가의 헬멧과 기타 주야간에 필요한 자전거 용품을 가방 속에 최소한의 물건으로 세팅했다. 적당한 현금과 카드와 함께.

주말에 다니고 있던 성당에서 청년 미사를 드리고 보좌신부님에게 말했다.

"신부님, 저 자전거 전국 일주 도전합니다. 기도해주세요."

"기도는 해줄게. 그런데 혼자서 하는 거야? 안전이 우선이야. 그리고 아마 일주는 못할 거야. 힘들어서."

아주 친한 신부님의 팩트 있는 말이 또 나에게 동기부여로 다가왔다. '내가 성공하는 모습을 꼭! 보여드리겠다.'

부모님께도 말씀드리니

"우리 아들은 할 수 있을 거다. 이런 생각 한 것도 대단하다. 안전하게 잘 여행하고 오렴."

부모님의 응원과 함께 다음 날 장비를 착용하고 마음의 준비를 끝내고 인사드렸다.

"잘 다녀오겠습니다."

집 앞에서 자전거 페달을 힘차게 밟아본다. 2009년 5월 7일 08:00 Go! 도전, 나 홀로 자전거 전국 일주 출발!

매일매일 자전거 전국 일주 노트에 일지를 작성했고, 당시 최고 유행했던 싸이월드에 사진과 글을 올렸다. 이런 행동들이 뭐라고 신이 나서 자전거 여행 일지를 공유한다.

5월 7일 1일 차 08:00 출발. 집 앞에서 부모님과 사진 촬영, 10:30 김해에서 30분간 진영 찾는다고 시간을 많이 보냄(당시에는 스마트폰이 없어서). 대한민국 국도 전체가 나와 있는 지도와 각 지역 이정표를 보면서 여행을 했다. 34.59km, 11시 29분 한림 지남 47.18km, 12시 14분 창원시 60.20km, 12시 49분 밀양시 71.05km, 13시 41분 밀양에 위치한 중국집에서 점심 식사 84.52km, 14시 39분 밀양 가르멜 수녀원 구경 93.34km, 2시 56분 경남북도(입성) 청도군/청도읍 96.52km, 15시 09분 유호 그리(맞바람으로 많이 힘들었음) 99.19km, 16시 21분 한국이사회 115.12km, 16시 50 삼진 이리 숙박 118.51km.

5월 7일 나 홀로 자전거 전국 일주 1일 차 주행거리 118.51km, 누적거리 118.51km, 평균속도 19km, 주행시간 7시 30분, 숙박: 삼진 이리 "골목 안 민박" ₩10,000, 식사: 점심(밀양 중국집 밀면) ₩4,000, 저녁(삼진 이리 "옛날 손칼국시" 추어탕+공깃밥 추가+소주 1병) ₩9,000, 온천 1시간 ₩6,000+음료 ₩800, 총 지출액: ₩23,800, 인연: 저녁 늦게 서울에서 출발한 듯 MTB(직장인 모임) 민박집에 와서 자전거 동호회 원들과 대화를 주고받고, 지나가던 동네 아이와 사진 찍고 휴식 취함.

이렇게 17일 동안 일자별로 여행일지를 작성했고, 자전거 일주를 하면서 마침내 김수환 추기경님 묘에서 기도도 드리고 아주 안전하게 자전거 전국 일주를 완주했다.

나 스스로 한계에 도전을 하고 싶었는지 그냥 하고 싶었던 건지 지금 생각해보면 왜 사서 고생을 했을까 생각이 들지만 나는 2번의 자전거 전국 일주 도전에서 성공을 맛보았다.

이 순간만큼은 나의 가슴을 뛰게 했고 너무나 힘들면서도 즐거웠던 시간이다. 도전을 하자고 마음먹는 순간 나에게는 작은 열정의 꽃이 피어오르고 그 열정을 차근차근 실행에 옮기는 순간 나의 마음은 언제나 설렘으로 가득 찬 듯했다.

2

진지하고 적극적인 자세로

인생 전반을 통틀어서 단 한 번이라도 진지하고 적극적으로 살아본 적이 있다면 그 나름 성공한 인생이 아닐까 생각한다. 다양한 아르바이트와 직업군인, 요리사라는 직업을 해보면서 100% 내가 원하는 직업이라고 생각해본 적은 없다. 어떤 때는 이 직업이 마음에 들다가 힘이 들면 보통 사람들같이 다른 직업을 검색해보면서 조금 더 나에게 어울리는 직업이 없을까 고민해본다.

이 많은 경험 속에서 나는 과연 후회만 하고 살았나? 뒤돌아보면 어떠한 일을 하더라도 진지하고 적극적인 자세로 열정을 쏟은 시간은 꼭 있었다. 직업군인을 하면서는 민통선 바로 앞 중화기중대 90mm 소대장을 하고 있을 때 가끔씩 있는 사단, 연대급 훈련이 있으면 중화기중대 특성상 각 중대로 파견을 나가서 활동을 하는 경우가 대부분이다. 90mm 무반동총은 대대급의 대전차 화기로 편제되어 있고, 81mm 박격포 및 K4와 함께 화기 중대에 소속되어 있다. 통상 1개 소대에 두 개 분대로 분대당 2총씩, 각 총당 분대장 또는 부분대장, 사수, 부사수, 탄약수 각 1명씩 총 4명의 인원으로 운용한다. 무게만 17kg이다. 저팔계가 들고 있는 바주카포 같은 종류라고 생각하면 된다.

5년간의 군 생활을 하면서 21살에 처음 배치 받은 90mm 소대장의 임무는 나에게 버거웠다. 지식과 군사훈련 부분에서도 나이 면에서도 병사들보다 못했다. 그래서 정말 간부 계급장을 때고, 배우는 자세로 임했다. 나이가 2살에서 5살까지 많은 분대장들과 소통하고 마음을 열어주기를 기다렸다. 군 생활을 해본 남성이라면 병사들과 직업군인(간부)의 생활에서 서로의 신뢰관계가 얼마나 중요한지 알 것이다. 서로를 인정해주지 않고 간부로서 병사들을 괴롭히고 힘들게 하면 결국 스스로 힘들어지는 것을 선배들 중에서 많이 봐왔다.

가끔 하는 사단급 훈련에서 90mm 소대는 2개로 나누어져서 무전기 하나로 소통하면서 1주일간 훈련을 하기도 한다. 정돈되지 않은 산속 길을 17kg나 되는 화기를 들고 비 오는 날 가파른 절벽도 타고 올라가면 진흙이 온몸에 묻기도 하지만 화기만큼은 애지중지하면서 훈련에 임한다. 일반 보병들과 같이 소총과 군장도 가지고 있으면서 90mm 화기를 들고 움직여야 하기 때문에 매번 우리들끼리 이야기한다.

"조금만 더 큰 화기였으면 차량에 탑재해서 편하게 이동할 수 있는데."

육군 보병 중에서 가장 무거운 화기까지 들고 보병들과 똑같이 움직이는 빡센 군 생활이다. 힘들어서인지 소대원들의 단합은 두말할 것 없었고, 장기 자랑과 체육대회에서도 우수한 성적을 보여줬다.

훈련을 하다 보면 산속에서 배식을 받아먹는다. 산속에 숨어 있다가 무전 신호를 받으면 '이것도 다 전술훈련의 일부분이라고 실감 나게 하길 원한다.' 몇 명은 경계를 서고 2명은 중대 행보관이 나누어 준 비닐봉지 밥을 들고 신속하게 자신들의 근거지인 산속으로 흩어져서 경계 속에 밥을 먹는다. 일반 병사들은 그렇게 먹는다. 가끔은 밥이 많이 올 때도 적게 올 때도 있다. 한번은 파견 나간 중대에서 우리 90mm 한 개 분대의 밥을 챙겨주지 않은 것이다. 자기들도 밥이 적게 왔다고, 무전으로 분대장이,

"소대장님, 다들 식사를 하고 있는데 저희 분대 식사는 없다고 합니다."

화가 머리끝까지 났다. 무전기로 소통하면 잘 받지도 않고 답답해서 바로 그 중대 동기에게 전화를 걸었다.

"야~! 애들 빡세게 화기 들고 너희 중대 파견돼서 따라 이동하는데 잘 챙겨주지는 못할망정 밥도 안 챙겨주냐? 밥이 덜 왔어도 조금 나누어서 우리 애들 줘라. 뒤지기 싫으면 확 마!"

이것이 전우애인지 아니면 부모의 마음인지 산속에서 위장

크림 바르고 17kg 화기 들고 땀 뻘뻘 흘리면서 훈련하다가 배가 미칠 듯이 고플 시간에 밥을 못 먹고 있다는 무전을 받으면 평상시보다 더 화가 났다. 결국 매 끼니마다 식사 확인 후 조치를 취했다. 내 부하고, 가족이니 당연한 행동이었다.

나와 함께 이동하는 분대 말고 파견 간 분대장에게 우리만의 주파수로 무전하면서 식사는 잘 하고 있는지 어디 아픈 데는 없는지 보고받는다. 군 생활도 힘들고 외로운데 밥까지 굶으면 정말 비참해진다. 21살 하사 때는 계급이 깡패라고 소대장 직함을 받고 훈련 나가서 소대원들이 밥을 타와 "소대장님, 밥이 10인분이 와야 하는데 5인분만 왔습니다."라고 이야기하면 일단 내 먹을 밥을 챙기고 병사들에게 분배했다면, 군 생활 짬밥을 2년 정도 먹었을 때는 똑같은 상황이 오면 나를 포함해 분대장들은 소식을 하고 밑에 이등병부터 밥을 든든하게 먹을 수 있게 조치를 했다. 이런 일들이 자주 있었다. 그럼 분대장들은 순순히 따라오는가? 훈련이 끝나면 고생했다고 분대장들과 따로 회식을 꼭 함께 하면서 격려해줬다.

90mm 무반동총은 총알도 엄청 크고 무겁다.
일반 병사들이 가지고 다니는 소총은 자주 실제 사격훈련을 하지만 우리 소대는 그렇지 않다. 영점 잡는 사격장에서 모형 총알을 넣고 뒤에 소총 총알을 넣어서 영점 잡는 수준이다. 그러니 실제 사격 경험을 하는 소대원들은 극히 드물다. 강원도

한 명의 변화, 천 명의 꿈

화천 구석에 중화기 중대 사격장이 있는데, 이날은 실제 90mm 실탄을 장전해서 천으로 만든 이동식 북한 전차인(실제 크기로 만든) 목표물을 명중시켜야 하는 날이 왔다. 사격장에서 준비를 끝내고 중대장과 함께 대대장을 기다렸다.

"단결!"

어디서 큰 경례 소리와 함께 101호 지프 차량이 도착했다. 선글라스를 착용하고 가죽 장갑 위에 오른손으로 지휘봉을 치면서 대대장이 다가온다.

"오늘 정 중사 기대한다."

짧은 한마디가 나와 소대원들을 더 긴장시켰다. 사이렌소리가 온 산에 울려 퍼졌다.

"10분 뒤 여기서 사격훈련이 있습니다. 인근에 있는 민간인과 군인들은 신속하게 대피해주십시오."

몇 번을 반복하고 드디어 사격 시간이 왔다.

대대장의 신호와 함께 나는 긴장된 목소리로 아주 크게

"제1사수 준비되면 보고!"

병사들은 복명복창한다.

"준비되면 보고!"

소대원들도 긴장되기는 마찬가지였다. 경험이 다들 없기 때문이다. 그리고 그냥 표적도 아닌 움직이는 실제 크기의 전차 현수막을 관통시켜야 한다.

"준비되면 발사!"

"하나, 둘, 셋, 발사!"

천둥이 바로 옆에서 치는 듯

"쾅!"

하는 소리가 난 후 몇 초 뒤

"펑~!"

하고 흙들이 사방에 튀고 뿌연 연기가 났다.

"표적 확인!"

멀리서 봐도 이동식 전차 현수막은 갓 빨래를 깨끗이 한 수건처럼 깨끗했다. 진지하게 임한 사격장에서 무안함과 부끄러움을 동반한 이상한 기분이 들었다. 2번째 총의 사격 준비 '아! 이번에도 못 맞추면 어떡하지? 제발 얘들아, 힘내자!' 대대장의 신호와 함께

"자! 준비되면 보고!"

"준비 끝!"

"준비된 사수 발사!" "하나, 둘, 셋, 발사!"

또 한 번의 천둥소리와 함께 멋지게 표적을 관통하는 상상을 했지만 군 생활 5년 중 다시는 경험하고 싶지 않은 일이 일어났다. 보통 격발을 하면 뇌관을 쳐서 발사가 되는데 이날은 뇌관을 쳤지만 발사가 되지 않는 것이었다. 90mm 무반동총은 후폭풍이 있어 사격 시 절대 뒤에 사람들이 있으면 생명에 위험할 정도로 다칠 수 있다. 예전에 화기 영점 잡을 때 한번은 실제 화력이 큰 탄이 아니라 영점 사격 탄 넣고 했을 때 똑같은 일이 벌어졌었다. 이때는 화력도 약하니 고민할 게 없었다.

"사수, 다시 재장전해봐."

그리고 사수가 재장전을 하는데 뒤늦게 발사되면서 터진 경험이 있었다. 하필이면 이때 똑같은 상황이지만 화력이 엄청난 실탄을 장전하고 불발이 된 것이다. 사수는 작은 목소리로 내게 말했다.

"소대장님, 어떡하죠? 저번처럼 재장전 시 터지는 것은 아니겠죠?"

나는 소대원들을 안심시켰다.

"걱정 마."

큰 목소리로

"사수 재장전 후 발사!"

재장전을 하는 이 순간은 불과 1~3초 정도 되는 시간이었지만 우리는 영화에 나오는 슬로모션처럼 이 상황이 두려웠다.

이때 솔직한 기분은 '아~! 군대에서 죽으면 개죽음이라고 하는데 오늘이 그날이 될 수도 있겠구나.' 많은 생각들이 스쳐 지나가면서 사수는 재장전을 했다.

"철컥."

우리 예상은 재장전하면 예전 영점 탄처럼 터질 수도 있겠구나(후폭풍의 두려움) 생각했지만 정말 다행히도 재장전 시 아무 이상이 없었고, 발사되면서 나는 천둥소리 같은 폭발음이 너무 감사하고 고마웠다. 목표물에 명중했나? 첫 번째보다 더 빗나갔다. 대대장 차량은 운전병이 시동을 벌써 걸어둔 상태이고, 대대장은 나에게 다가왔다.

"정 중사, 실망이야. 각성해."

딱! 한마디 하고 사라졌다.

"예! 단결."

나는 평소 같으면 소대원들에게 잔소리를 했겠지만 표적을 아무도 못 맞춘 우리 소대원들에게 그 사건 이후로 더 잘해줬고 우리들만의 추억으로 간직했다. 목숨을 담보로 일한다는 말이 이런 상황이지 않을까 생각해본다. 인생 전반을 통틀어서 단 한 번이라도 진지하고 적극적으로 살아본 적이 있다면 그 나름 성공한 인생이 아닐까 생각한다. 이런 경험을 통해서 삶에 대한 감사함과 소중함을 느끼곤 한다.

3

니모를 찾아서

....

삶에서 여행은 또 다른 인생의 활력을 불어넣어 주는 큰 선물이다. 다람쥐 쳇바퀴 굴리듯 비슷한 일상에서 1년에 한 번쯤은 다른 세상의 사람들과 환경을 접하면서 추억과 경험을 쌓는다. 필리핀 어학연수를 가장한 여행을 갔을 때 두 가지 목표가 있었다. 세부에 있는 현지인들이 바글바글한 시장을 투어 하는 것과 스쿠버다이빙 자격증을 취득해서 물속의 또 다른 세상을 직접 확인하는 것이었다.

세부에서 4개월 동안 거주하면서 몇 군데 여행을 했지만 니모는 볼 수 없었는데 스노 콜링 말고 스쿠버다이빙 라이선스를 취득하고 물속에 들어가면 자세하게 볼 수 있을 듯했다. 함께 영어공부를 하는 동기생들 몇 명과 저렴한 가격으로 한국인이 운영하고 있는 스쿠버다이빙 숍에 택시를 타고 이동했다. 피부가 아주 검은 한국인이 나와서 산소통과 검은색 고무로 된 잠수복 착용하는 방법을 알려줬다. 처음 입어보는 잠수복에 세부의 여름 날씨는 최악이었다. 아, 빨리 물속으로 들어가고 싶었다.

"자, 다 착용하셨으면 이동하겠습니다."

'기대된다. 또 다른 물속의 세상이.' 무거운 산소통을 들고 바다 안으로 들어갔다. 무릎 정도 높이에 위치한 작은 배에 전원 탑승을 하고 가이드의 안내에 따라서 물속으로 들어갔다. 깊지 않은 곳에서 우리는 물안경에 물이 들어오면 어떻게 물을 빼는지, 물속에서 갑자기 기압이 높아질 때 귀가 많이 아프면 이콜라이징을 어떻게 하는지 등을 교육받고 한 명 한 명씩 물속으로 들어갔다. 배에서 내릴 때는 배 가장자리에 산소통을 메고 안쪽을 보고 앉는다. 그러다 뒤로 휙! 하고 메고 있는 산소통의 무게로 물속에 풍덩 빠진다. 이후 마찰로 인해서 물안경에 물이 잔뜩 들어오는데 교육받은 대로 공기를 빼면서 시야를 확보하고 바다 안에 고정되어 있는 아주 굵은 줄은 잡고 살금살금 물속으로 들어간다. 이콜라이징을 하면서 드디어 바다 안을 구경한다.

'멋진 바다 안에서 거북이도 보고 니모도 볼 수 있겠지'라는 생각은 나의 환상이었다. 바닷속이지만 스쿠버다이빙 연습장소여서 그런지 주변은 흙으로만 되어 있고 진짜 진흙탕을 보는 것처럼 아무것도 없었다. TV에서만 보던 필리핀의 아름다운 모습은 몇 초 만에 무너지고 말았다. '아! 연습장소이니 그럴 수도 있겠다.' 긍정적으로 생각하고 물속에 2인 1조로 움직이면서 더 깊게 들어갔다. 물속에 가이드가 산소통을 철로 쳤다.

"탕탕!"

우리는 그 사람을 쳐다보고 수신호에 맞게 물속으로 내려갔다, 올라갔다, 옆으로 갔다 함께 이동한다. 그런데 이게 웬일인가. 옆에 파트너를 포함해서 다들 아무렇지도 않게 가이드를 잘 따라가는데, 나는 물속으로 점점 내려가고 오래 있을수록 귀가 터질 듯 너무 아파지는 것이었다. 배운 이콜라이징을 계속하면서 가는데도 고막이 나갈 정도로 통증이 심했다. 그래도 참고 무사히 완주를 하고 지상으로 올라왔을 때 코에는 실핏줄이 터졌는지 옆에 있던 동생이 놀라 말했다.

"오빠, 코에서 피가 나."

바닷물인지 핏물인지도 모르고 물속에서 벗어났다는 것에만 기뻐하고 있었는데 코피라니, 휴지로 코피를 닦고 주변 사람들을 쳐다보는데 다들 즐거워하는 모습이었다. 나만 물속에서의 괴로움을 코피로 표현하고 있었다.

화장실에서 코를 보니 이콜라이징을 너무 세게 한 것인지 회식자리에서 3차까지 술을 먹고 코만 삘건 사람처럼 몰골이 말이 아니었다. 그렇게 몇 주간 교육과 물속에서의 이콜라이징도 적응이 되고 안정이 되어갈 즈음 나의 지갑 속에는 스킨스쿠버 다이빙 라이선스가 들어와 있었다. 모자 쓰고 손가락 브이 하며 웃는 얼굴 찍힌 자격증을 받았을 때 꿈 목록 하나를 이루었다는 뿌듯함과 기쁨은 매우 크게 다가왔다.

몇 명의 인원들과 자격증도 취득을 했으니 본격적으로 필리핀 세부지역 일대 다이빙 장소를 검색했다. 거북이와 니모가 자주 출몰하는 그곳. 스쿠버다이빙 숍에 도착해서 장비를 대여하고 마지막으로 다이빙을 하다 혹시 모를 사고와 사망에도 동의를 한다는 자필 사인을 하고 장비를 들고 배로 이동했다. 긴장감 반 설렘 반, 배를 타고 다이빙 장소로 한참을 이동하는 길에 보트는 파도 때문인지 춤을 추었고 우리는 양팔을 꽉 잡고 바닷물로 샤워를 하면서 목적지까지 이동했다. 팔에 힘이 풀릴수록 기대감으로 차올랐다. 이날 함께 다이빙할 가이드는 어학연수원에서 함께 공부하고 있던 동갑내기 친구였다.

평소 맥주 한잔 마시면서 이야기를 하면 순박한 청년인데 태극기가 달린 슈트를 입고 물속에 들어가면 카리스마가 넘쳐흘렀다. 친구의 가이드 인솔하에 다들 물속에 풍덩 들어가서 각자의 산소통, 호흡기, 물안경에 침을 발라서 습기가 차지 않게 세팅을 했다.

"자~! 이제 들어가겠습니다. 저만 보고 잘 따라오세요."

우리는 허리에 무게 조절 납을 엄청 달고 있었지만 친구는 납은 착용하지 않고 자신의 호흡으로 물속에서 업 다운을 조절했다. 멋진 놈. 다들 가이드의 안내에 물속을 관광하며 따라 이동하는데 나는 물속을 들어가는 게 쉽지 않았다. 계속 물안경에 물이 들어오는 것이었다. 몇 번을 시도했지만 실패, 뒤돌아본 친구가 와서 물안경 착용 방법을 다시 알려줘서 물속으로 들어갔다. '와우' 1m만 들어갔는데도 만화책과 다큐멘터리에서 많이 봐온 바다 안의 아름다운 세상이 나를 반기고 있었다. 무지갯빛처럼 다채로운 크고 작은 물고기들이 나를 반겨주는 건지 주변을 맴돌았고 내가 다가가면 적정 거리를 두며 멀리했다.

숙달 미숙으로 산소 호흡기에 짠물이 입 속으로 들어왔지만 정신 차리고 친구를 따라갔다.

"탁탁!"

가이드의 보라는 신호다. 몇 번인지는 모르겠지만 물속에서 산소통을 치는 소리는 생각 이상으로 잘 들렸다. 몇 번의 신호에 따라서 각각 다른 내용들이 있는데 잘 숙지해야 한다. 신호와 함께 가이드는 팔을 벌려서 3시 방향을 가리켰다. 우리는 몸을 틀어 손을 가리키는 방향을 쳐다보는데 '와우' 내 팔뚝만 한 해삼이 있는 것이다. 친구가 이동해서 킹콩 해삼을 쥐어주는데 부산에서 내가 자주 먹던 그 해삼은 갓난아기 수준이었고 이놈은 거의 팔뚝 만했다. 솔직히 신기하기도 했지만 초장에 찍어 먹어보고 싶었다. 두 조각만 먹어도 배 터질 듯했다. 바다의 산삼이라고 하는데 이렇게 큰 산삼은 처음 본다. '심 봤다!' 나는 뒷사람도 구경할 수 있게 오리발이 달린 발을 힘차게 발길질을 해서 해삼을 전달했다. 이 사람도 짠물을 마신 듯 힘들어하면서도 신기한 듯 자연스럽게

"우와!"

입을 벌리고 방심하는 순간 짠물이 급습했다. 우리는 가이드의 신호에 따라 조금씩 물속 깊은 곳으로 이동했다.

내 생에 이렇게 아름다운 모습을 본 적이 있던가? 이것이 여행의 큰 선물이지 않을까 생각한다. 삼삼오오 모여 다니는 귀여운 물고기들부터 내 다리만 한 이름도 알지 못하는 정체불명의 주둥이가 큰 생선까지 "우웅~~~" 하고 하늘을 나는 것처럼 내 옆을 지나간다. 마냥 신기하고 즐겁다. '니모를 한 번이라도 실제 보았으면 좋겠다.' 꿈 목록 중 바다 안에서 거북이와 니모 보기가 있었다. 애니메이션 <니모를 찾아서>를 보면서 흰동가리 이름보다는 니모로 친숙하게 다가왔다. 만화 속 니모의 웃는 모습이 선해서 왠지 실제 바다 안에서 니모를 만나면 서로 웃으면서 인사하고 싶다는 생각이 간절했다. 한 번이라도 니모를 보았으면……. 몇 분이 지났을까, 아름다운 바다 안에 또 다른 절벽이 있었다. 지상에 있는 절벽이 물속에도 있었다. 절벽에 승용차 크기만 한 빈 공간이 있었는데 가이드가 살금살금 조심스럽게 접근해서 신호를 준다. 일제히 소리가 나는 방향을 쳐다봤다.

"와우!"

또 짠물이 입 속으로 들어왔다. 내 몸 사이즈만 한 크기의 바다거북이가 차량 크기만 한 절벽 한 빈 공간에서 잠을 자고 있었다. 8명 정도 주변을 둘러싸서 구경을 하고 수중카메라로 가이드가 한 명 한 명 거북이를 배경 삼아 사진을 찍어줬다. '꿈인가, 생신가.' 나에게도 이런 날이 오다니 이게 다가 아니었다. 가이드가 곤히 자고 있던 거북이를 툭툭 치니 마치 집에서 자고 있는 남편을 와이프가 청소하라고 툭툭 치면 귀찮은 듯 이불을 들고 다른 방으로 이동해서 자는 것처럼 수중 속 절벽에서 아주 천천히 턴을 한다. 묵직한 양쪽 손발을 이용해서 한 번 두 번 물속을 휙~~ 휙! 저으면서 우리 주변을 날아갔다. 눈으로 담은 이 모습은 내 인생 최고의 순간으로 꼽혔다. 토끼와 거북이는 육지에서 경주를 한번 했으니 바다 안에서도 시합을 한번 해야 한다. 얼마나 거북이가 우아하고 멋있는지를 토끼는 알게 될 텐데. 필리핀 온 목적을 달성했다. '야호~!'

욕심을 조금 부려본다면 니모만 한번 볼 수 있다면 '소원이 없겠다.' 거북이와의 작별을 하고 마지막 코스로 이동했다. "탁 탁 탁" 가이드의 신호가 크고 빠르게 들려왔다. 우리가 찾고 있던 니모 가족들이 해초 같은 곳에서 옹기종기 모여 가족모임을 하고 있었다. 애니메이션에서만 영접한 니모를 이렇게 내 생에 살아서 한 공간에서 볼 줄이야! '뭐 니모 물고기 하나 가지고 호들갑이지 할 수 있지만' 애니메이션을 좋아하는 나는 니모, 라따뚜이의 생쥐 등 동물에 대한 관심이 많은 편이다. 드디어 필리핀에 와서 세 번째 꿈 목록을 이루는 순간이다.

해초 주변에 소풍놀이 중인 니모를 향해 속으로 '안녕, 니모.'라고 이야기한다. 니모도 나를 알아본 것인지 '안녕'이라고 하는 듯 꼬리를 살랑 살랑이며 웃는 모습을 보여주는 듯했다. 삶에서 여행은 또 다른 인생의 활력을 불어넣어 주는 큰 선물이다. 이날 나는 큰 선물을 두 번이나 받았다. '어떻게 돌려줘야 할까?' 고민에 빠지며 바닷속 환경에 관심을 가졌다. 니모와 바다거북이 잘 지낼 수 있도록 플라스틱 사용을 자제하기로 결심했다. 받은 게 있으면 돌려줘야 한다. 여행이란 나에게 그런 것이다.

4

이것도 해보고 저것도 해보면서

많은 사람들이 자신의 진로와 꿈을 찾기 위해 고민한다. 이 길이 나에게 맞는 길인지 아닌지를 말이다. 물론 한 번에 찾는 사람도 있겠지만, 대부분 드물 것이다. 인생의 주인공이 나라고 생각한다면 나의 삶을 찾는 것이 중요하다. 한 번에 찾기를 버리고 이런 것 저런 것 해보면서 찾아보면 어떨까?

방송 '1박2일'에서 '서울대를 가다' 편을 보면 대학생들이 멤버들에게 질문을 한다.

"어떻게 그 일을 하게 되었냐?"

자칭 힙합 비둘기 데프콘은 이렇게 말했다.

"실적이나 이런 거는 중요하지 않아. 그저 내가 좋아하고 하고 싶었던 게 힙합이었어. 스스로에게 물어봐. 네가 하고 싶었던 거야? 정말 내가 좋아하는 일이라면 하는 거야. 그럼 후회가 없다."

대학생이 멤버들에게 다시 질문한다.

"내가 죽을 만큼 이 일을 좋아하나? 이 일보다 내가 더 훨씬 좋아하는 무언가가 있지 않을까라는 이 생각에 무언가를 쉽게 결정하기 힘들다."

이 질문에 1박2일의 아픈 손가락인 고 김주혁 씨가 조금 더 먼저 도전해본 선배로서 이야기를 한다. "더 가봐. 가보고 이야기해. 9회 말 2아웃에 몰린 듯 불안하고 단 한 번의 기회만이 남은 것 같지만 더 가봐. 아직 경기 초반이야. 도전해도 괜찮아, 무슨 일이든 힘든 점은 있기 마련이고 아무리 좋은 일을 하더라도 힘들고 지치는 순간이 있을 텐데, 하지만 뭐 하나가 널 놓지 못하게 하는 뭐가 있을 거야. 그 주위에 안 좋은 것들이 많지만 그거 하나가 나를 정말 행복하게 해서 안 좋은 것까지 끌고 갈 수 있는 힘이 생기고 그런 일을 선택하라고. 그럼 너는 평생 그 일을 사랑하면서 살 수 있을 거야."

이 영상을 보고 한마디 더 붙인다면 실패해도 괜찮으니 무엇이라도 해보라고 말하고 싶다. 나 또한 이 대학생들처럼 무엇을 해야 하고 어떤 일이 나에게 어울리는지 알지 못했다. 예전 학교에서는 국, 영, 수 교육만 했지 요즘 청소년들이 다니는 학교처럼 진로교육은 없었다. 교육을 받았더라도 자신이 정말로 흥미 있고 다른 사람들보다 잘하는 강점이 무엇인지를 찾기란 쉽지 않다. 만약 찾았어도 그에 어울리는 일을 한 번에 찾는 것은 하늘의 별 따기만큼 쉽지 않다. 그래서 일단 더 가보자.

더 해보자. 그러다가 하나라도 그 일에 좋아하는 부분을 찾는다면 그것 또한 나의 삶이고 인생이지 않을까! 그러기 위해서 우리는 이것도 해보고 저것도 해봐야 한다. 다양한 경험을 통해서 하나하나 좁혀가면서 내가 원하는 일을 찾아가는 것이다.

자유로운 청소년의 시간을 가지면서 고등학교 3학년 때 담임선생님의 호출이 있었다.

"면담 있으니 수업 끝나고 상담실로 와."

서로 스승과 제자의 관계보다는 정 없는 이웃집 사람처럼 서로에 대에서 관심은 없고 선생님은 월급쟁이의 모습으로 형식적인 학생과의 상담 시간을 가졌다. 나 또한 형식적으로 개개인별로 면담을 하는데 나의 차례가 왔다고 생각하고 별다른 기대감 없이 상담실로 걸어갔다.

"어, 지호! 자리 앉아봐. 대학은 안 갈 거고 졸업하고 뭐 할거야?"

"아직 별생각 없는데요."

예의가 있는 듯 대드는 것도 아닌 듯 퉁명스럽게 이야기했다.

"샘이 볼 때 너는 하고 싶은 것이 아직은 없다. 그렇지? 돈 벌고 싶나?"

"당연하지요, 샘."

"그러면 졸업하자마자 하사관 지원해서 군대 말뚝 박아. 괜찮다."

나는 웃으면서 대충 둘러댔다. 속으로는 '미쳤나, 군대도 가기 싫어 죽겠는데 무슨 군에서 말뚝을 박으라고' 이런 생각을 했던 시간이 있었는데 담임선생님은 선견지명이 있었던지 나는 5년간의 군 생활을 아주 잘 마무리하면서 5천만 원의 목돈도 모았고, 자유로웠던 청소년의 모습에서 내 나름 다듬어진 청년으로 사회에 나왔다. 내가 처음부터 '나는 체질이야! 직업군인을 할 거야.'라고 생각한 적은 없었다. 병 생활을 하면서 주변에 부사관 간부들의 모습과 일상을 보게 되었고 '이 정도면 짧은 시간 돈도 모으고 나에게 좋은 경험이 될 듯한데.'라는 마음을 먹는 순간 직업군인을 선택했다.

이후 전역을 하고는 무조건 장사를 해야겠다고 마음먹고 군 생활 중 당직 근무를 할 때마다 중대원들에게 작은 미션을 주었다.

"자, 점호 시간 전에 아마 서울부터 부산, 전라도 다양한 지역 사람들이 모여 있는데, 민간인으로 있을 때 스스로 생각할 때 맛집과 그 분위기, 그리고 특이사항들을 소대별로 A4 종이에 적어서 주면 도움이 될 듯하니 제출한다."

그렇게 모아진 몇 장의 각 지역 경영 노하우들을 공부하고 나만의 스타일로 해석은 했지만 막상 사회 나와서 어떤 분야에 뛰어들 건지 무엇을 해야 할지 고민했다.

당시 옷에 관심이 많아서 부산 부전시장 도매 옷 가게에서 일을 했다. 10년 후의 나의 모습을 머릿속으로 그려봤지만 다른 것들을 찾아 나섰고, 대학은 절대 가지 않을 거라는 나의 다짐을 뒤집는 편의점 아르바이트를 하면서 만난 손님의 한마디에 대학 생활을 하게 되었다. 나름 전국에서 인기 있는 호텔에 근무하면서 요리사로 사람들에게 음식을 통해서 맛의 즐거움을 선물하기도 했고, 이 길도 너무 한곳에서 매일 똑같은 일을 반복하는 생활에 재미를 느끼지 못했다. 조금 더 하고 싶고 잘할 수 있는 일을 찾아서 다양한 책을 읽었다.

게스트하우스 주인장이 되고 싶어 관련 신문 스크랩부터 정보를 모으다가 영어의 필요성을 느껴서 필리핀으로 어학연수를 갔다. 한국에 와서는 함께 어학연수 했던 동갑 친구와 부산대학교 주변 상가에서 분식집을 오픈하고 싶어 주변 상권과 부동산을 이 잡듯이 찾아다녔다. 그리고 발품을 판 끝에 괜찮은 상권을 찾았고 음료수 박스를 사 들고 주인을 만났다.

"안녕하세요. 가게 내놓으셨던데 자리가 너무 좋아서 왔습니다. 외식업 쪽으로 안 하려고 하는 건 알지만 어떻게 한번 다시 생각해보실 수 있을까 하고 찾아왔습니다."

간절한 눈빛을 보냈지만, 상가 주인은 콧방귀를 꼈다.

"여기는 배수시설도 없고 외식 쪽은 안 받고 있는데."

문을 사르르 닫는다. 굴하지 않고 몇 번을 찾아갔지만 똑같은 대답이 돌아왔다. 그리고 며칠 뒤 진로교육받은 업체에서 전화가 왔다.

"함께 일해볼 생각 없나요?"

한참을 고민하다가 상가도 안 잡히고 결단을 한다.

"예! 알겠습니다."

그리고 '이런 게 운명인가?' 몇 시간 뒤에 울린 또 다른 전화한 통이 왔다.

"청년! 저번에 외식 쪽으로 우리 상가에 일하고 싶다고 했지. 지금 어디 구했어? 안 구했으면 인상도 좋고 성실할 듯해서 남편과 상의했는데 외식 쪽으로도 괜찮다고 하네."

이게 무슨 운명의 장난인가? 아님 기회인가? 몇 시간 전의 전화가 교육업체에서 걸려온 전화가 아니고, 상가 사장님의 전화였다면 나는 교육 쪽이 아니라 지금 분식집 사장으로서 살고 있었을 수도 있었다.

'만약 부산대학교 주변 상가에서 지금까지 외식업에 종사했다면 10년이 지난 지금쯤 무엇을 하고 있을까?' 이렇게 당시 교육업체에서 자연스럽게 일을 하게 되었고, 3년이 지나면서 작은 중소기업 교육업체의 시스템과 영업, 강의 분야에 대해서 알아가면서 과감하게 그 경험을 바탕으로 '나도 내 교육 사업을 하면 잘할 수 있겠다.'라는 자신감이 생겨서 지금까지 이어오고 있다.

자신이 원하는 일이 무엇인지를 한 번에 찾는 것은 욕심이다. 이것저것 다양한 경험을 하다 보면 우연하게 나의 길로 들어서는 경우가 있을 것이다.

"네 꿈이 뭐니?"

청소년들에게 꿈을 물어보면 모르는 것이 일반적이다. 성인들에게 물어보자.

"당신의 꿈이 무엇인가요?"

몇 명이나 속 시원하게 구체적으로 자신의 꿈을 이야기하는 사람들이 있는지. 이만큼 일생에 내가 정말로 좋아하는 일을 찾아서 일하는 사람들은 드물다.

원하는 일이 있으면 일단 부딪쳐서 일을 해보는 수밖에 없다. 몇 달 몇 년을 해보고 정말로 이 일이 나의 적성에 맞지 않고 스트레스만 가져다준다면 또 다른 일을 찾아 나서면 된다. 물론 어떤 일을 꾸준하게 하면 더 좋겠지만 아무것도 안 하는 것보다는 이것저것 다 해보는 것을 추천한다.

5

교황님을 만나기까지

누구나 한 번쯤은 생각만 해도 보고 싶고 정말로 만나고 싶은 사람이 있을 것이다. 나에게는 중학교 때 학창 시절 말썽만 부렸던 나를 바른길로 안내해주신 담임선생님을 만나고 싶었고, 전 세계 가톨릭 인구 중 한 명으로 로마 바티칸에 가서 교황님을 뵙고 싶어 버킷리스트에도 작성을 해두었다. 그냥 살아생전에 누군가를 꼭! 한 번 만나고 싶은 사람, TV 속의 인물을 직접 만나보고 싶은 생각. 2014년 나에게 기회가 왔다. 광안성당 청년 회원 중 한 명이 내게 알렸다.

"오빠, 이번에 한국청년대회에 교황님이 한국에 오신다 하네. 각 본당에서 몇 명만 뽑아서 신청할 수 있다는데 시간 내서 우리는 신청했어."

당시 서울에서 출장을 다니면서 반복되는 일상 속에서 꿈 목록 중 하나인 교황님 만나기를 할 수 있는 아주 좋은 기회가 온 것이다. 대회 일정을 확인해서 휴가를 낼 수 있는지 확인하고 인터넷 검색을 했다. 아시아 청년대회와 한국청년대회가 열리는 대한민국에 교황님이 직접 방한을 한다는 기사와 함께 한국청년대회에 나가면 멀리서나마 그분을 볼 수 있다는 생각에 설렘이 발동했다.

검색을 끝내고 2014년 6월 3일 오후 2:38분 화요일, 성당 동생에게 메시지를 보냈다. 생각지도 못한 답장이 왔다.

"아예 마감 됐어. 신청 안 되대."

"알았어. 오빠 몫까지 즐거운 시간 보내고, 교황님 사진 찍어서 한 장 보내줘."

"혹시나 다시 빈자리 있다고 연락 오면 바로 콜 할게."

말은 쿨하게 했지만 많이 아쉬웠다. 얼마나 좋은 기회인가, 외국을 나가지 않고도 교황님을 볼 수 있는 기회인데.

이틀 뒤 다시 연락이 왔다.

"오빠, 신청서 쓰자. 자리 생겼어. 8월 15일 끼여 있는 목, 금, 토, 일 사목 국에서 대기자들 확인했는데 확실히 신청할 거지?"

"당연히 시간 내서 해야지. 대기자들도 많은가 보네."

'드디어 나의 버킷리스트인 교황님을 멀리서나마 볼 수 있겠구나.'

주민번호와 티셔츠 사이즈, 집 주소, 혈액형, 영어 이름 등을 알려주고 본당신부님의 동의를 받아서 대기자로 신청을 했다.

평소처럼 학교에서 강의를 하고 출장도 다니면서 지냈다. 한국 청년대회에 필요한 몇 번의 모임에 참가하고 드디어 대회가 시작되었다. 이렇게 살아오면서 정말로 만나고 싶은 사람을 볼 수 있다는 마음이 이런 마음일까? 연예인들 좋아하는 사람들이 공항부터 자신의 연예인 꽁무니를 졸졸 따라다니고 연출 무대에서 목이 터져라 응원하는 모습을 본 적이 있다. 팬 미팅에서 그 사람 목소리, 눈빛, 말투에 꿀 떨어지듯 쳐다보는 모습을 TV 브라운관으로 볼 때 '어떻게 하면 저렇게 열정적으로 한 사람을 좋아할 수 있지? 저렇게까지 하고 싶을까.'라고 이상하게 생각했다. 이번 대회에 하나의 큰 목적은 TV에서만 보던 교황님을 보는 것이기 때문에 어떻게든 내가 이상하게 생각했던 이들처럼 교황님이 더 잘 보이는 자리를 알아보고 간절하게 뛰어다니고 있었다. 이 대회가 끝날 즈음 나도 누군가에게 가슴 뛰는 팬이었음을 알게 되었다.

대회 전 부산교구에 모여서 각 본당별로 인원 체크를 하고 한국청년대회 마크가 찍혀 있는 명찰과 옷, 우의를 받고 인원 체크를 했다. 대회 로고를 가방에 부착하고 주변을 돌아보니 다들 삼삼오오 본당 사람들끼리 웃으면서 얼굴에 설렘이 가득해 보였다. 아는 형과 나는 아시아 청년대회 & 한국청년대회를 하면서 친분이 생기는 사람들에게 내 얼굴과 도장 그리고 전화번호가 찍혀 있는 도장을 특별 제작해서 지참했다. 그냥 한국, 아시아 사람 할 것 없이 우리는 하나였다.

인원별 대형버스에 탑승을 하고 기사님이 바로 보이는 제일 앞자리에 앉았다. 제3회 한국청년대회 1일 차 '출발~~', 예상은 적중했다. 버스에서 인솔 신부님의 지도하에 이번 대회가 무사히 잘 끝날 수 있게 기도를 했다. 청년들이 이렇게 열심히 기도하는 모습은 나와 같은 마음이지 않을까? 설렘 반, 전원 사고 없이 대회를 잘 마무리했으면 하는 기도이다. 친한 형과 제일 앞자리에서 아침 일찍 서둘러 오느라 피곤해 자는 사람들을 배경으로 사진을 찍는다. 나이는 우리 둘이 제일 많은데 생생하다. 이번 대회는 교황이 오기 때문에 대한민국 전체에서도 관심을 가지고 봤다. 그래서 정말 많은 사람들이 준비를 한 것 같고, 몇천 명의 청년들이 이동하는 중간중간 경찰과 안내하시는 봉사자분들의 노력이 눈에 들어왔다. 내려서 걸어가는데 머리에 한 방울 차가운 느낌이 전해진다. '비 오는구나.'

모자를 쓴 채로 그냥 걷다 보니 큰 안내문이 보였다. [Benvenuto, PaPa Francesco!] 프란치스코 교황님 당진 [솔뫼 성지] 방문. 그 주변에는 이번 대회를 촬영하기 위한 KBS 마크가 찍혀 있는 대형 트럭이 보였다. 많은 사람들의 박수와 환영 속에 솔뫼 성지를 통과했다. 대회 시작을 알리는 미사를 진행하는데 각 교구별 유니폼 색깔들이 알록달록 예쁜 꽃밭을 만들고 있다.

선두에 몇 분이 율동을 하면서 찬송가를 부르고 다들 손을 들고 기도하는 모습이 조금은 어색했지만 나 또한 평소와는 다르게 진심으로 함께 동참했다. 아이들과 청년들의 축하 공연이 이어지고 서로서로 손을 잡은 대전교구 신자들 환영식도 함께 받았다. 다들 교황님이라는 한 사람으로 더 하나가 된 모습을 보니 흐뭇했다. 그 대전교구 신자들은 대회 참석한 청년들 몇 명씩을 각자의 집으로 데려가서 근사한 식사와 함께 숙박을 제공해주었다. 집주인이신 인상 좋은 할머니, 할아버지의 소개와 함께 대회에 참석한 청년들의 소개가 이어졌다. '나는 뭐라고 이야기하지?' 머릿속을 정리했다. 다음 날 뜨거운 태양과 함께 모든 청년들은 대회 모자를 쓰고 깃발을 들고 있는 선두를 따라서 이동했다. 한참을 걷다 보니 수십 명의 경찰관들이 검색대를 둘러싸고 보안검사를 했다.

혹시나 모를 사고에 초긴장된 모습이었다. 전 세계 가톨릭 인구가 집중하고 있는 행사니 그럴 만도 했다. 이름 모를 외국인 취재진들도 대회에 참석하는 아시아인들 인터뷰에 충실했고 전 세계에서 온 취재진 공간에서는 노트북에 기사를 쓰는 기자들의 손가락이 분주했다. 우리는 드디어 교황님을 만난다는 생각에 흥분되었다. '좋은 마음을 갖는 것에 두려워하지 마십시오. 나는 행복합니다. 여러분도 행복하십시오.'라고 적힌 현수막이 눈에 들어왔다. '오늘 이 시간만큼 여기 있는 청년들 또한 행복합니다.' 드디어 교황님이 오는 시간이 되었다. 우리 나라의 멋스러움을 알릴 한옥에 레드카펫이 깔려 있다. 안전상 철근으로 된 안전 바가 원을 그리고 있었고 그 주변에는 좋은 자리를 찾으려 많은 사람들이 눈치를 봤다.

　나와 형은 2인 1조가 되어 교황님이 오는 처음 동선을 찾아 나섰다. 튜닝 한 흰색 오픈 카니발 차량을 발견하고 그 주변을 긴장된 상태로 기다려본다. 검은색 슈트에 멋스러운 선글라스를 착용한 흑인, 백인, 동양인 몇 명의 덩치 좋은 보디가드들이 갑자기 분주해졌다. '드디어 오는가 보다.' 가슴이 뛰는 듯 발을 동동 굴러본다. 멀리서부터 환호성이 들려왔다. 10m도 안 되는 거리에서 '왔다. 그분이.' 하얀 사제 복장을 하고 보디가드의 안내에 따라 차량에 탑승했다. 특수 제작된 안전장치를 잡고 사람들을 향해 웃으면서 손을 흔들었다. '이게 꿈인가, 생신인가.' 감격, 감격의 순간이다.

　당시 마음을 어떻게 표현해야 할지 글을 쓰면서도 전율이 왔다. 청년대회에 참석한 신부님과 수녀님들도 소년, 소녀로 돌아간 듯 까치발을 하고 교황님께 손을 흔드는 모습이 인상적이었다.

　아시아 청년대회와 한국청년대회 일정이 다르지만 교황님을 만나는 시간은 함께 했다. 이 수천 명의 아시아 청년들이 취재진이 된 듯 스마트폰을 꺼내서 교황님을 추억 속에 담을 준비를 했다. 교황님이 들어오는 모습이 대기업 SAMSUNG 로고가 적혀 있는 대형 브라운관 중간중간 모습이 비쳐지자 태어나서 처음 들어보는 함성과 환호성이 들려왔다. 이날은 모든 아시아 청년들이 하나가 되어 언어보다는 표정에서 행복과 즐거움이 넘쳐흘렀다. 짧은 시간이었지만 모든 천주교인이라면 꼭 한 번은 뵙고 싶은 분을 보고 느낀 이 감정은 내 마음속에 저장해뒀다.

단상에 교황님이 몸과 말로 인사말을 하면 실시간 자막을 보면서 모르는 아시아 청년들끼리 웃고 즐거워했다. 당진시에서 준비해준 프란치스코 교황님과 함께하는 천주교 아시아, 한국 청년대회 모든 참가자들에게 도시락 떡도 돌리며 아시아 청년들의 배고픔을 해결해줬다. 수천 명의 청년들이 이동하는 모습은 멀리서 봐도 장관이었다. 천주교인으로 소속되어 하나가 된 느낌, 많은 취재진들 촬영 속에 우리는 웃으면서 걸어갔다. 민족 전통복장을 하고 장구와 북소리가 우리 주변을 맴돌았고 동네 이웃 주민들은 삼삼오오 모여서 이 끝이 없는 청년들을 바라보면서 인사를 했다. 중간에 쉬는 시간 겸 세족식도 하고 서로 평화의 인사도 나누면서 더욱더 돈독해져 갔다. 어느 공간에 가니 수녀님들께서 직접 한 명 한 명 세족식을 해주시는데 기분이 이상했다. 부끄러우면서도 죄송하기도 하고 감사한 마음이 복합적으로 다가왔다.

이동 간 많은 인원들이 식사를 하기에는 어려움이 있어 각자 개개인별로 전투식량처럼 발열이 되는 자장밥과 마파두부를 선택해서 먹는데 식사가 되는 과정에서 나오는 수증기를 보고 다들 웃음을 보였다. 군 시절 행군하고 허기진 상태에서 전투식량을 먹는 추억을 떠올려보았다. 그리고 마지막 피날레 축제를 하기 위해 아주 넓은 공원에 사람들이 다 모였다. 축하 공연과 가수의 공연이 이어지면서 분위기는 최고조였다. 이후 음악과 함께 서로 모르는 가운데서도 사람들은 함께 신이 나서 원을 그리며 춤을 추고, 또 다른 사람들과 함께 즐거운 축제의 시간에 빠져들었다. 가슴이 뛰었다. 모두가 하나가 되어 열정을 다할 때 나와 형은 제일 좋은 공간에서 미친 듯이 춤을 추었다. 지금 생각하면 부끄러워서 절대 추지 못할 춤을.

다음 날 해미읍성에 마무리 미사를 하러 이동하는 길은 장대비가 내렸다. 한국청년대회에서 받은 우의를 전원 다 착용하고 버스 타는 곳으로 이동하는데 초록색의 우비를 입고 또 다른 장관의 모습을 연출하면서 갔다.

다행히 행사장에 도착했을 즈음 신기하게도 비는 그쳐갔다. 프란치스코 교황님과 함께 하는 AYD, KYD 폐막 미사 날인 2014년 8월 17일(주일) 16:30분, "젊은이여, 일어나라! 순교자의 영광이 너희를 비추고 있다." 역시나 많은 취재진들이 현장 중계를 하기 위해 분주했고, 이런 모습들을 사진으로 담아뒀다. 미사를 집전하러 교황님이 등장했다. 전 세계 청년들이 몇 명은 눈물을 보이면서 반가움에 환호성을 질렀다.

예전 교황들은 방탄유리에 안전을 중요시 생각했다면 이번 프란치스코 교황님은 사람들과 소통하는 데 거리낌 없이 가까이 다가오셨다. 이날 키가 작은 사람들은 교황님을 보기보다는 앞사람 손과 스마트폰만 봤을 확률이 높다. 그만큼 사람들이 많았고 환호했다. 부모님께서 메시지로 찍어서 보내주신 사진에는 명동성당에서도 KBS1 TV에서도 교황 방한 특별 생방송 <평화와 화해를 위한 미사>가 함께 시작되었다. 그 미사 시간은 평소에 드리는 집중하지 못하고 딴생각이 나는 미사 시간이 아닌 오로지 천주교 청년들이 모여서 교황님과 하나가 되는 시간이었다. 미사가 끝나고 퇴장하는 길에도 꼭! 나에게 웃음을 보이시며 손을 들어주시는 듯 가까이에 있었다.

이렇게 각 본당별로 설레는 마음을 간직하고 단체사진을 기분 좋게 찍고 모든 아시아, 한국청년대회 일정이 끝이 났다. 버스를 타고 부산교구로 이동하는 길! 이 며칠간의 추억들이 필름처럼 지나갔고 나의 가슴 뛰는 꿈 목록도 이루어서 너무 행복했다. 누구나 한 번쯤은 생각하면 보고 싶고 정말로 만나고 싶은 사람이 있다. 전 세계 가톨릭 인구 중 한 명으로 로마 바티칸에 가서 교황님을 뵙고 싶어 작성한 꿈 목록! 이렇게 간절하게 만나보고 싶은 사람이 있다는 행복. 2014년 나에게도 왔다. 가슴 뛰었던 그날이.

6

정리 정돈의 즐거움(미니멀리스트)

부자는 두 가지 종류에 속한다고 한다. 열심히 돈을 벌어서 부를 축척해 백만장자가 되는 길과 현재 가지고 있는 생활에 충만하다고 생각하고 만족하는 삶. 나는 후자에 속한다. 오히려 물건을 많이 가지기보다는 나에게 필요 없는 물건들을 주변에 필요한 사람들에게 나누어 주면서 물건을 비우는 편이다. 스스로 반 미니멀리스트라고 부른다. 나에게 정말 꼭! 필요한 물건만 가지는 삶은 나를 더 풍요롭게 해준다.

대한민국 신체 건강한 남성 국민이라면 20대에 군 생활이라는 관문을 싫든 좋든 자동적으로 거쳐야 한다. 약 2년간의 시간 동안 강제적으로 우리는 미니멀리스트의 삶을 살아간다. 처음 보급품을 받고 자대로 가면 사람 하나 정도 들어갈 작은 사물함을 받는다. 여기에 2년 동안 살아갈 모든 개인 보급품들을 정리한다. 하계, 동계 사계절의 옷이 걸려 있고 사물함 위에는 군장이, 사물함 하단에는 군 생활의 취침 시간을 책임질 개인

모포와 매트리스 침낭이 있다. 속옷과 생필품도 한정되어 있다. 이렇게 자동적으로 미니멀리스트의 삶을 살아간다.

이뿐만 아니라 매주, 매월 수시로 당직사관에게 소장하고 있는 보급품을 점검받는다. 잘 보관하고 있는지 개수가 초과 및 부족하지는 않는지 등을 검사한다. 3일 이상 산속에서 훈련을 하다 보면 개인 반합, 속옷, 판초 우의 등 분실하는 경우가 생긴다. 이 모든 책임은 각 장들에게 돌아간다. 그래서 훈련 후 보급품 정비를 할 때는 각 중대별 교대로 보초를 선다. 왜냐하면 훈련 후 각 중대별로 부족한 품목들을 다른 중대에 와서 정비 중에 바닥에 널려 있는 것들을 가져가 자신의 보급품에 채워 넣는다. 매주, 매달 간부들이 검사를 하니 이런 일들이 자주 벌어진다.

1년간의 이등병, 일병 생활을 하면서 적은 물건으로 생활했고, 4년 동안 부사관 생활하면서도 개인 짐은 별반 다르지 않았다. 간부들은 막사에서 퇴근 후 BOQ나 군인 아파트에 살면서 병사들보다 활동 반경이 넓은 편이라 보급품을 제외하고 사제 물건들도 많이들 가지고 있는 데 반해 나는 보급품 제외하고 사제 물품도 많지 않았다.

총 5년 이상의 군 생활을 하면서 자연스럽게 습관이 된 듯. 가끔씩 전역한 지 15년이 다 되어가지만 내가 가지고 있는 물건들을 군 생활을 할 때처럼 미니멀 하게 소지하고 싶다는 생각을 하곤 한다. 전역 후 요리사로 사회생활을 할 때도 나의 사물함은 다른 직원들보다 정리 정돈이 잘 되어 있었고, 4개월 간 필리핀에 해외연수 갈 때도 작은 캐리어 하나에 꼭 필요한 옷가지와 가방 하나를 들고 갔다. 주변에서는 정말 이민 가방 도 들고 오는 동생이 있었다.

"형, 짐이 이게 다인가요?"

반대로 나는, "야~ 너 어디 이민 왔니?"

서로서로 이해를 못 했다. 서울에 상경할 때도 차 뒷좌석에 몇 가지 옷과 가방을 실어서 서울 생활을 시작했고, 지금 함께 살고 있는 와이프도 나의 장점으로 정리 정돈을 꼽았다.

"오빠는 남자인데 원룸 방이 너무 깔끔하고 정리가 잘 되어 있어 놀랐어."

당시 방에는 원룸 옵션인 책상, 옷장 안에 모든 물건들이 잘 정리되어 있었다. 사실 내가 정리 정돈을 잘 하기보다는 가지 고 있는 물건의 양이 남들보다 적어서 그렇게 보이는 듯하다. 교육업체에서 일을 할 당시 물론 출장을 자주 다녔지만 가끔씩 사무실에 있으면 책상을 항상 정리 정돈을 했다. 정리 정돈의 장점은 필요한 물건을 쉽게 찾을 수 있고 물건을 쉽게 잃어버 리지 않아 오래 쓸 수 있다. 비슷한 종류의 물건이 많으면 이 것저것 쓰면서 애착이 덜 가는데 하나뿐이면 그 나름 물건에도 애착이 생긴다. 매일 정리 정돈을 하면서 기분 좋게 하루를 시 작하는 습관은 쭉 이어지고 있다.

교육업체를 하다 보면 교재 박스를 출판사에서 받아 재고도 정리하곤 하는데 이 업무는 누가 시키지 않아도 내가 나서서 정리했다. 여기저기 흐트러진 책과 장비들을 일단 전체 다 빼서 놓아둘 공간을 확보하고 하나하나 차곡차곡 분류해가며 땀 흘려가면서 정리가 끝났을 때 전체 모습을 보면 굉장히 기분이 좋다. 이런 정리된 모습에 대표 이하 전 직원들이 '역시'라는 말을 해줄 때 뿌듯했다. 현재 프리랜서 강사 생활을 하면서도 전국을 2일에서 1주일 정도 출장을 다니다 보면 보통 다른 강사들은 큰 캐리어에 노트북 가방을 소지하고 출장을 다니는데 나는 하루 교육이든 1주일 출장이든 백팩 가방 하나만 들고 다닌다.

함께 교육하는 강사들은 늘 신기해했다.

"지호 쌤은 어떻게 저 가방 하나에 출장을 다니죠? 신기합니다."

'한 달도 아닌 출장에 매번 캐리어를 들고 다닌다고 고생하는 듯.' 서로의 생각과 라이프 차이는 컸다. 한번은 궁금해하는 사람들에게 가방 속을 보여줬다. 가방 제일 밑에는 따로 지퍼가 있어 열면 365일 항시 대기 중인 접이식 우산과 HDMI 케이블 선이 들어가 있고, 앞쪽 주머니에는 명찰과 포켓 성경 책, 스마트폰 충전기가, 가방 안쪽에는 노트북과 충전기, 스피커와 충전기, 각종 전자기기 USB, 마이크 등이 담긴 작은 가방 하나와 30명 정도 사용할 수 있는 가위, 풀, 교육용 카드와 사인펜

이든 문구 가방과 출장 일자에 맞게 들어가 있는 작은 속옷 가방을 꺼내서 보여준다.

"와! 이 가방은 만능이네요. 없는 게 없어요. 정말 딱! 필요한 것들만 있네요."

'아마 다른 분이 이 가방을 쓰면 또 용도가 달라지겠죠?' 습관은 노트북에도 그대로 나타난다. PC 화면은 검은색 바탕에 딱 한 개의 폴더와 휴지통만 있다. 몇 분의 강사님 노트북 바탕화면에는 거의 꽉 찰 정도의 파일이 나와 있는데 컴퓨터 성능을 낮출 뿐 아니라 개인적으로 보기에도 그렇다. 개인의 취향을 존중한다. 온라인에서 가장 많이 검색하는 키워드는 미니멀라이프, 미니멀, 심플, 간소한 생활 등을 검색하고 구독하고 정보를 얻는 편이다. 나와 비슷한 생활을 동경하거나 닮고 싶은 사람을 보면서 대리만족을 한다.

1년에 구입하는 옷은 거의 없고 버리는 물건은 종종 생긴다. 어떨 때는 와이프에게 물어보지 않고 버려서 가끔 혼나기도 했다. 지금은 나의 재능을 분리수거 및 집안 정리 정돈에 힘쓰고 있었는데 아기가 생기면서 육아로 반 포기 상태로 생활하고 있다. 어질러진 물건들을 볼 때마다 마음은 편하지 않지만 아기들은 치우면 어지르고 치우면 나와 장난이라도 치는 듯 원상복귀를 시킨다. 여기저기서 받은 육아용품에 한번은

"너무 많은 것을 받고 사는 거 아니야? 아기 장난감 많이 있잖아?"

이런 이야기를 몇 번 하니 와이프가 친구와 친척들에게 물려받을 수 있는 육아용품들을 받아도 될지 안 될지 나의 눈치를 보고 스트레스를 받는 듯해서 약속했다.

"그래! 전적으로 육아 물품들은 전담해서 해, 간섭 안 할게."

몇 년이 지난 지금 우리 집은 비슷한 장난감과 퍼즐들이 온 집안에 굴러다닌다. 정리 정돈에서 낙을 찾고 미니멀 한 삶을 동경하는 나는 마음을 많이 비우고, 주변 물건만 잘 정리해서 살아가고 있다. 나의 취향으로 가족이 스트레스를 받으면서까지 정리 정돈을 하는 것은 아닌 듯하다. 사람은 그때그때 환경에 적응한다고 한다.

육아 중이지만 마음속으로 정리되어 있는 집안의 모습을 상상하며, 아이와 같이 놀고 어지르면서 자연스럽게 정리하는 것도 놀이처럼 같이 하며 즐거움을 함께 찾아가고 있다.

한 명의 변화, 천 명의 꿈

청소년 비전 강사가 되다

1
조금 더 뚜렷한 꿈을 위해

내가 정말로 즐거우면서 원하는 직업을 찾아 일하는 사람이 대한민국에 몇 프로나 될까? 나는 이분들을 행운아라고 부른다. 일을 하는 데 재미가 있고 매달 통장으로 월급도 또박또박 나오면서 또 즐겁게 재미있는 일을 하다 보니 그 일을 잘하게 되고, 더 발전하면서 성장하게 되는 바로 그 일! 많은 사람들도 스스로가 진정 원하는 일을 찾으려고 책도 읽고, 영상도 보면서 자신의 뚜렷한 꿈을 찾으려고 노력한다.

그게 말처럼 쉽지가 않다.

청소년기에 나의 꿈은 그냥 잘 먹고 잘 노는 것이었다. 친구들과 당구 치고 노래방 가서 신나게 HOT 노래 부르면서 즐기는 이 생활에 만족했고 20살, 30살의 까마득한 미래는 생각조차 하지 않고 하루하루 즐기기에 바빴다. 방황의 순간들을 정리하고

25살 군 생활을 마무리하고부터는 나의 꿈, 나의 진로에 대해서 고민을 했다. 20대 후반부터 나의 인생에 꼭 어울리는 진로를 찾고 싶어 혼자 여행을 떠났다. 전혀 책에 관심이 없던 내가 책을 잡게 되었고, 한 장 한 장 읽어나갔다. 수면제가 따로 없다.

포털사이트에 '내 꿈을 찾는 방법' 등을 검색하면서 정말로 내가 원하는 일이 무엇인지 찾을 수 있기를 희망해봤다. 이후 다양한 아르바이트 경험과 몇 년간의 요리사 생활도 마무리하고 조금 더 뚜렷한 꿈을 찾기 위해 자전거에 몸을 싣고 17일 동안 부산을 기점으로 서울, 서해안, 제주도를 한 바퀴 돌면서 자전거 전국 일주를 하였다. 뜨거운 햇살 아래 페달을 밟으면서 나의 꿈에 대해서 생각해봤지만 뚜렷하게 나에게 어울릴 만한 정말로 하고 싶은 일을 찾지 못했고, 그길로 몇 달 뒤 짐을 싸 필리핀으로 떠났으며 4개월간의 길다면 길고, 짧다면 짧은 여행을 하면서 나의 꿈에 대해서 생각을 해봤다. 역시나 여행에 대한 소중한 추억만 간직한 채 한국으로 돌아왔고, 조금 더 뚜렷한 계획과 진로를 설정하기 위해 2009년도에 인생설계 과정 셀프 교육을 받은 교육업체를 재방문해 심화반인 비전설계 코치과정을 내 나름 그 당시 비싼 교육비를 내기까지 몇 번을 고민한 후 입금하고 교육을 신청했다.

나는 이 교육과정 자체가 교육원에서 추천해줄 때 나의 꿈을 찾는 데 조금 더 깊게 들어갈 수 있는 과정으로 생각하고 교육

한 명의 변화, 천 명의 꿈

을 들었는데 이 과정은 내가 비전 강사가 되어 나와 같은 꿈과 진로를 못 찾아 고민하는 사람들을 찾아가서 교육을 진행할 수 있게 하는 강사과정이었던 것이다.

'내 꿈도 아직 못 찾았는데 상업고등학교 출신인 내가 누구에게 교육을 시킨다고?'

부산에서 교육을 신청하고 고민에 빠졌다. '이 교육과정을 취소할까? 아니면 일단 받아볼까? 내가 강단에 선다고?' 친구들이 들으면 배꼽 잡고 웃을 일이다.

"누가 누굴 가르친다고, 네가?"

한편으론 직업군인, 요리사, 성인오락실, 편의점 알바 등 다양한 일을 해봤는데 강사라고 못 해볼 것 또한 없었다. 마음을 정하고 기차와 버스를 타고 양평 연수원에 도착했다. 온통 눈밭으로 덮여 있고 나뭇가지에 차곡차곡 쌓여 있던 눈들은 무거워서 축 늘어져 있는데 그 모습이 너무 아름다웠다. 부산에서는 거의 볼 수 없는 광경을 한참을 쳐다보면서 몇 장의 사진을 찍어 가족들에게 자랑을 했다. 연수원 바로 앞쪽에는 큰 강이 있는데 냉동실 살얼음처럼 전면이 얼어 있었다.

교육장에 들어갔을 때 한창 교육 준비를 마무리하고 있었고, 서로 모르는 교육생들과 서먹서먹하게 인사를 주고받았다. 과정은 이랬다. 내가 꿈을 찾기 위해 서울에 올라와서 찜질방에 이틀 묵으면서 아침에는 꿈 찾기 교육을 했던 2박 3일의 과정을 그대로 풀어서 그 과정을 운영할 수 있게 카테고리별로 한

꼭지씩 교육을 받았다.

처음 오프닝은 "사람들의 이목을 집중시켜서 관심을 가지게 하는 겁니다." 많은 동기생들은 교육원에서 나누어 준 교재에 열심히 메모를 하면서 경청했다. 한 시간 한 시간 하면서 직접 발표 및 시연도 해보는데 첫 번째 사람, 두 번째 사람, 드디어 내 차례가 왔다. 당시 한겨울인데도 뒤통수에 식은땀이 흐름을 나 혼자만 알고 있었고 발표를 하러 앞으로 나갔을 때는 머릿속이 밖에 있는 눈처럼 하얘졌다. '역시 강사는 아무나 할 수 있는 게 아니구나.'

준비한 내용을 그냥 책 읽듯이 읽고 붉은 얼굴로 내 자리로 돌아왔다. 부끄러움과 함께.

'뭐 나는 전문 강사도 아니니까? 괜찮아, 처음 해보는 건데 뭐 어때. 기죽지 말자.'

1일 차 교육이 끝나고 2일 차는 조금 나아지는 듯했지만 역시나 강단에서 3분도 안 되는 내용으로 발표를 하는데 전날과 똑같이 국어책을 읽듯이 마쳤다. 3일 차 과정까지 마무리하고 '과연 이 길이 나의 길일까?' 고민을 하면서 크리스마스를 보내고 다음 해가 다가왔다. 남은 3일 차 교육을 받으러 서울로 이동하는 길에도 발걸음이 무거웠다. '돈만 많이 내고 내 꿈을 더 구체화하기보다는 엉뚱한 강사과정을 하고 있으니 이래도 괜찮은 건가?' 후회 반 걱정 반으로 남은 과정에 들어갔다. 그런데 저번과는 다르게 강사과정 교육을 받는데 마음을 비워서 그런지 편안하게 잘 따라가는 나의 모습을 보았다. 앞에 나가서 발표를 하는데도 역시나 책 읽는 모습이었지만 그렇게 긴장된 모습보다는 작은 여유가 생긴듯했다. 그렇다고 재미있거나 정말로 내가 원하는 일이라고 확신할 수 없었고 몇 달은 더 준비해서 직접 강단에 몇 번 서보고 이 길이 나의 길인지 판단하기로 결심했다.

이후 모든 강사과정을 마무리하고 부산으로 왔다. 서울교육원에서 부산에도 캠퍼스가 있고 대표가 있으니 그쪽과 연결해서 강사 생활하면 아마 도움이 많이 될 거라는 이야기를 해주었다. 바로 부산 대표에게 전화를 걸었고 아주 익숙한 부산 사투리로 짧은 인사를 했다.

"안녕하세요! 비전 코치 정지호입니다. 서울교육원에서 소개받아서 연락드렸습니다."

"아~ 예! 연락받았습니다. 시간 되시면 언제 사무실에 오셔서 차 한잔하시겠어요? 정 코치님."

"좋습니다. 혹시 내일 점심시간쯤 어떠신가요?"

"좋습니다. 그럼 내일 1시쯤 사무실에서 뵙겠습니다."

부산 대표와 통화를 하고 무엇인가 방향이 설정되고 이루어질 것 같은 느낌이 들었고 다음 날 서면에 위치한 사무실을 찾아갔다. 작은 교육장을 겸하고 있는 사무실에는 장애가 있으신 직원 한 명이 있었고 남다른 포스를 풍기시는 나이 많으신 어르신과 한눈에 딱 봐도 대표 같은 풍채를 가지고 계신 부산 대표를 만났다. 덩치는 장군감인데 친절함과 배려 있는 말투는 아주 상냥했다. 서로 인사를 주고받고 부산교육장에서 함께 했으면 좋겠다는 말과 함께 나는 매일 사무실로 출근을 하면서 강사 역량 강화에 힘썼다.

매일 신문과 책을 읽으면서 띄어 읽고, 몇 초 쉬기 등 대표가 알려주는 대로 꾸준하게 읽었고 벽에 몸을 대고 턱을 올린 후

"아~~아~~~~오~~~오~~."

발성연습도 이어졌다. 그 나름 스파르타식으로 진행되었다. 점심 식사는 사무실에서 대표가 요리를 해서 먹었는데 덩치와는 다르게 아주 섬세한 요리 실력과 설거지부터 일회용품 사용 후 재활용까지 알뜰살뜰 살림꾼의 모습을 자주 봤다. 가끔 어려운 교회에 강의를 가는데 몇 번을 함께 따라가서 대표의 강의하는 모습을 참관하면서 직간접적으로 배우고 메모하면서 내 것으로 만들려고 노력했다. 사무실에서는 발성연습 겸 교육할 때 사용하는 영상인 당시 유명했던 드라마 '베토벤'의 강마에 역할을 하는 사람 대사를 외우기 시작했다.

"꿈 그게 어떻게 네 꿈이야! 그건 하늘에 떠 있는 별이지 쳐다봐야 하는, 뭐 아무거나 꾸면 꿈인 줄 알아, 네가 무언가를 해야 할 것 아니야. 그래야 판사, 변호사, 무엇이든 될 거 아니야. (잠시 침묵) 꿈을 이루라고 하는 것이 아니야. 꿈을 꾸기라도 해보자는 거야."

10년이 지나갔지만 아직도 탁 치면 이 부분이 드라마 속 강

마에처럼 나온다. 얼마나 많이 연습을 했을까? 이렇게 하나하나 작은 스킬과 자신감이 생겨갔다. 며칠 뒤 부산 대표가 다시 그 교회 중학생들 60명 대상 진로교육을 한다고 했다.

"지호 코치, 이번에 강의할 때 1시간 강의해보시겠어요?"

"예, 어느 파트 준비하면 될까요?"

나는 신이 나서 그길로 집으로 돌아가 다음 날 교육할 1시간의 교육과정을 준비하고 또 보고 준비했다. 혹시 모를 처질 수 있는 분위기에 A 플랜과 B 플랜을 준비해서 가지고 갔다. 다음 날 대표 차량으로 함께 이동하는데 너무 긴장이 돼서 발을 동동 구르면서 교회에 도착했다. 평소에 하던 보조강사 역할은 눈에 들어오지 않고 몇 시간 뒤 강의할 시간에만 초점을 두고 있었다.

"오늘 정말 멋진 강사님을 모시고 왔습니다. 이번 1시간은 강사님과 함께하니 큰 박수로 모시겠습니다."

60명 정도의 중학생들이었지만 환호성은 600명 저리 가라 환영해주었다. 교회 학생들이라 착한 듯했고, 그 느낌을 안고 강단에 섰다. 그리고 PPT를 보면서 하나하나 강의를 하다 청중들이 전체 움직일 수 있는 팀 빌딩을 하는데, 나름 준비한 A 플랜은 처음 해보는 강의라 머릿속에 생각했던 부분 대로 학생들을 움직이게 할 수 없었고, 머리에서는 식은땀이 흐르면서 덥지도 않은 이날 나만 땀을 흘리기 시작했다. A 플랜은 과감하게 포기하고 바로 B 플랜으로 들어가서 소통을 했는데 좀 전의 분위기는 온데간데없고 다들 웃으면서 즐거워하는 모습에 신이 나서 남은 강의 시간을 잘 마무리하고 대표에게 전달했다.

아쉬움이 굉장히 남았지만 많은 사람들 앞에서 해보는 나의 첫 강의였다. 대표의 강의까지 끝나고 함께 사무실로 이동하는 길에 운전을 하시던 대표가 말했다.

"지호 코치, 강의 잘하시던데, 자요! 오늘 강사료입니다."

대표는 초보 강사인 나에게 첫 강사비를 주었다.

"아뇨! 1시간 했는데 잘하지 못해서요. 대표님 마음만 감사하게 받겠습니다."

그래도 수고했다며 주신 첫 강사비를 받고 집으로 돌아와 오늘의 설레고 긴장된 하루를 부모님에게 자랑을 하고 싶어 지하철역에서 내려 집까지 기분 좋게 걸어갔다. 1시간 강의를 하기 위해서 거의 밤을 새우다시피 준비를 했고 어설펐지만 내 나름 의미 있는 첫 강의를 잘 마무리한데다가 소중한 강사비까지 받아서 이날을 잊을 수 없다. 이렇게 조금 더 뚜렷한 꿈을 찾기 위해 강사과정 교육을 이수했고, 첫 번째 초긴장된 강의를 끝내고 의미 있는 3만 원의 강사비를 받으면서 '아! 나에게 어울리는 직업이 강사일 수도 있겠다.' 우연히 꿈을 찾는 교육과정을 밟았고 조금 더 뚜렷한 꿈을 찾으려다 강사과정 교육을 받았고, 강사로서 첫걸음을 내딛는 순간이었다. 우연하게 찾아온 나의 꿈과 진로였다.

2

서울 입성

····················

살아가면서 누군가에게는 몇 번의 기회가 온다고 한다. 나에게도 기회의 바람이 불어왔다.

어느 날 받은 전화 한 통이 나의 진로와 인생의 방향을 바꾸었다. 심지어 가족까지.

어머니는 내가 태어날 때부터 집과 함께 딸려 있는 조그마한 공간에서부터 주산학원을 했다. 그 공간을 아들이 이용해본다. 처음 시작하는 강사 생활에 그냥 넋 놓고 공부만 하고 있을 수는 없었다. 한 명이라도 붙잡고 강의를 계속 해봐야 감을 잡을 듯해서 부모님이 운영하는 학원을 주말에 나의 강연장으로 활용했다. 어머니 혼자서 칠판에 작성하며 설명하는 학원이어서 빔 프로젝터와 스크린이 없어 필요한 장비를 구하기 시작했다. 무료로 대여하려다 보니 성당 사무실로 가서 친한 사무장님에게 어필했다.

"사무장님 제가 강사 생활을 시작했고, 교육 준비 중에 있는데 친구들 대상 강의를 합니다. 빔 프로젝터가 없어서 5시간만 빌릴 수 있을까요?"

"그래! 지호, 강사 한다고? 필요하면 쓰고 가지고 와."

청년회장을 하면서 많은 도움을 주고받아서 그런지 쉽게 빌려주셨다.

빔 프로젝터를 학원에 설치하고 스크린 대신 '이가 없음 잇몸으로'의 정신으로 하얀 전지를 칠판에 부착해서 영상을 틀었고, 노트북에 음향 테스트까지 완료 후 제일 친한 친구 6명을 학원에 불렀다. 입김이 나는 계절이었고 발만 뜨거워지는 난로 앞에서 한 첫말은 이랬다.

"내가 강의를 할 거야. 실전처럼 할 거고! 교육 끝나면 나에게 피드백 해줘라. 그리고 너희처럼 꿈 없는 친구들 꿈 내가 찾아줄게."

큰소리치고 교육을 시작했다. 친구들이 보기에는 강사가 더 듬거리면서 친구들 앞이라 조금 설렁설렁한 느낌이라 생각할 수 있지만 당시 나는 최선을 다했고, 긴장한 나머지 아주 어색한 상태였다. 그래도 공식적으로 혼자 5시간 한 첫 번째 강의라 친구들과 함께 사진도 찍으면서 이런저런 이야기를 주고받았다. 친구들과 학원에서 강의한 이후 나는 누군가 강의할 대상이 있으면 하이에나처럼 찾아다녔다. 다음 타깃은 성당 동생 2명, 성당 지하에 있는 청년 회의실에서 노트북만 가지고 개인

과외처럼 교육을 진행했다. 그 나름 진지하게 동생들도 참여했고, 나 또한 그 진지함 덕분에 더 열성적으로 내 말만 한 듯했다.

그리고 평소 알고 지내던 동생과 카페에서도 1:1 교육을 하면서 강의 역량을 키워갔다. 아는 형의 전화 한 통이 걸려왔다.

"지호, 강의 해보자. 경험도 쌓고, 대학교 무료강의 해봐라."

드디어 강의 문의가 들어왔다. 물론 성당 형이 아는 대학교에서 교수의 무료 강의 요청을 받아서 넘긴 거였다. 대학에서 하는 첫 번째 강의, 처음 해보는 2시간 성인교육이었지만 며칠을 강의 준비해서 경성대학교로 이동했다. 교육 1시간 전 강의실 문을 열고 교수님께 인사를 드리고 교육 장소로 가서 준비를 하는데 불안감과 긴장감이 온몸을 휘감고 있을 때 대학생들이 한 명 한 명씩 들어왔다. 30명 정도 되는 대학생들 앞에서 교수님께서 내 소개를 해주셨다.

"진로교육 분야 전문이신 정지호 강사입니다. 박수로 모시겠습니다."

박수 소리에 긴장감은 더 커졌고 첫 5분의 주도권을 잡고자 박수 게임부터 몇 가지 스폿을 해서 교육생들에게 웃음을 주었다. '휴! 다행이다.' 마음이 안정되고 준비한 내용을 강의했다. 반은 성공한 듯 교수님도 기뻐하셨다.

"학생들 반응이 좋네요! 감사합니다."

이렇게 한 번 두 번 나의 강의 시간이 채워지면서 자신감도 점점 붙어갔다. 한번은 다른 교수가 아주 좋은 교육이 있다고 해서 따라갔는데 몇백 명의 사람들이 광신도처럼 강사에게 집중하고 열광하는 모습을 보았다.

그 강의는 다단계였고 그래서 실망은 했지만 어떻게 하면 저렇게 열강을 할 수 있을까라는 강사의 관점에서 접근해보았다. 몇 달 뒤 전화 한 통이 걸려왔다.

"정지호 코치? 일정 괜찮으면 포항에서 2주간 영일고에서 보조강사 가능할까요? 금액은 50만 원 드리겠습니다."

'안 그래도 누군가의 강의를 전체 보고 배우고 싶었는데 50만 원까지 준다고 하니' 일석이조의 부탁이었다. 다음 날 부산 대표와 상의를 하고 부산에서 몇 가지 옷들과 검은색 정장 한 벌을 가지고 포항으로 이동했다. 포항에서 강사들 교육하는 모습을 온종일 보고 야간에는 해당 교장선생님까지 와서 학생들 비전 선포식까지 하는 이틀 과정이 6번 연속으로 2주간 이어졌다. 하루하루 강의가 끝나고 포항 숙소에 들어가면 서울교육원에서 파견 나와 있는 본부장과 함께 숙박을 했다. 한번은 숙소에서 창문을 열어두고 휴식을 취하고 있는데, 창문 밑에서 노트북을 펼치고 앉아서 작업을 다 끝내고 일어서면서 하필 창문의 모서리에 쿵! 하고 머리가 부딪쳤는데 찢어져 피가 나는 거였다.

짧은 순간에 일어난 일이라 아프기보다 피를 보고 놀라고 있을 때 본부장이 중국에서 구매한 용한 만능 연고가 있다며 피를 닦아내고 발라주며 치료를 해주었다. 그렇게 2주간 소주 한잔 하면서 친분이 쌓여갔고, 교육 끝나면 퇴근 후 함께 포항시 주변을 즐기며 시간을 보내다 부산으로 복귀했다. 부산에서의 강사의 삶은 비슷비슷했지만 가끔씩 강의 문의를 주면 강사비 상관없이 무조건 나갔다.

한번은 부산 모 중학교에서 20명 정도 매주 수요일 특정 시간에 15주 차로 해서 진로교육을 의뢰받았다. 강사비는 학교 예산이 없는 건지 매주 참석하는 인원별 1인당 5,000원씩을 선생님께서 걷어주셨다. 1시간 30분 정도의 강의를 준비하기 위해 내 나름의 노력과 준비를 했고, 기대를 안 했던 학생들이 교육 시간에 웃으면서 즐겁게 참여하자 선생님도 안도의 한숨을 쉬면서 뒤에서 교육현장을 쳐다보고 계셨다. 첫 강의가 끝나고 고민했다. 같은 부산지역이지만 버스 타고 다시 마을버스로 이동 후 산중턱에 있는 학교를 땀 뻘뻘 흘리며 도착하고 보니 '강사 생활하는 데 차가 필요하겠는데'라는 생각이 들었고, 며칠 뒤 아는 동생이 일하는 자동차 매장에 가서 전액 현금으로 차량을 구매하고, 초보운전 딱지를 떼면서 강의를 왔다 갔다 했다.

학교에 의뢰받은 1주 차를 시작으로 한 주 한 주 교육할 강의 내용을 준비하는 재미에 푹 빠져 있을 때 8주 차 교육을 끝내고 받은 서울교육원 본부장의 전화 한 통,
"지호~ 한양 입성해서 함께 일해보자."

"예? 서울교육원에서 같이 일하자고요? 흠! 고민 좀 해보고 연락드리겠습니다. 본부장님."

전화를 끊고 부산 대표와 어제 있었던 통화 내용을 이야기했다.

"좋은 기회이니 가서 많이 배우세요. 지호 코치님."

내심 부산에서 함께 일하자고 말해주길 바랐는데 막상 부산 대표도 좋은 기회이니 가서 일해보라는 말에 용기 내서 본부장에게 전화했다.

"한양 구경 가겠습니다."

이렇게 부산에서의 활동과 함께 서울 본사 정직원 기회가 나에게 찾아왔다. 결정을 하고 일요일에 친구들과 만난 후 찜질방에서 피로를 풀고 있는데 전화가 왔다.

"정지호 씨, 교육원 인사 담당자입니다. 혹시 생각하고 계신 월급이 있으신가요?"

찜질방에서 연봉협상을 할 줄이야.

"아뇨! 주시는 대로 받겠습니다."

"그래도 부산에서 서울로 정직원 채용이 돼서 오시는데 생각하시는 월급을 말해보세요!"

알아서 주면 될 것을 장난기가 발동했다.

"그럼 제가 원하는 월급을 말하면 주는 건가요? 그럼 1천만 원 월급 부탁드립니다. 주실 수 있으신가요?"

"천만 원요?"

'한참 말이 없었다.'

"보세요! 못 주시죠? 그러니 생각하고 있는 월급 주시면 됩니다. 저는 배운다는 생각으로 서울에 가는 거니까요."

연봉협상도 됐고 부모님에게 모든 상황들을 설명하고 1주일 뒤 바로 출발했다. 갓 뽑은 차량에 모든 짐을 싣고 시동을 걸었다. 이동하는 부산부터 날씨가 좋지 않았는데 가면 갈수록 천둥번개와 비바람이 동반해서 거의 퍼붓고 있었다. 와이퍼 제일 높은 단계로 빠르게 이동시켰지만 고속도로에서 1미터 앞도 보이지 않았다. 다들 고속도로에서 느림보 거북이처럼 비상깜빡이를 켜면서 이동한다. 한참을 이동하다 터널이 나오면 조용했다. 터널이 끝날 즈음 진짜 누가 물을 들이붓는 것처럼 차에 떨어졌다. 운전 실력이 능숙할 때가 아니어서 서울로 가는 길 내내 양손으로 핸들을 꼭 잡고 운전해서인지 팔이 아파 왔다. 서울로 입성하는 첫길이 심상치 않았다. 드디어 서울 톨게이트를 지났다. 거주할 곳을 찾지 못하고 바로 서울로 온 상황이라 일단 사촌 집에서 생활을 하면서 서울 거주지를 찾아보기로 했다.

살아가면서 누군가에게는 몇 번의 기회가 온다고 한다. 나에게도 기회의 바람이 불어온 듯했고, 고민 없이 몸을 맡겼다.

3

낯설고 어려웠지만

....

    무엇을 해야 할지 고민일 때는 일단 부적절한 일을 제외하고는 일단 부딪쳐보는 것이 좋은 듯하고, 이것을 할지 저것을 할지 고민으로 힘들어할 때도 마찬가지로 두 가지 중 한 가지를 선택하면 그 고민은 사라졌다.

    서울이라는 낯설고 어려운 환경에 도착하기 전에는 부산에서 활동할지 서울에서 활동할지 고민하다 이 일이 나에게 도움이 되면 도움이 됐지 불이익을 가져오지는 않겠구나. '결정'하고 무작정 올라왔는데 서울에서 숙박할 장소 찾는 것도 쉽지는 않았다. 정확하게 이야기하면 서울에서 내가 가지고 있는 돈으로 원룸을 구하는 것이 쉽지가 않았다.

    회사는 서초동에 있는데 그 일대는 거의 말도 안 되게 비싼 수준이었고 점점 멀어지다 오금동까지 이동했다. 집을 볼 때 꼼꼼하게 따져보고 선택을 했어야 했는데 공인중개사의 사탕

발림에 넘어가 집 자체가 부실공사인 듯 방수처리가 안 되어 있는지 목욕탕에 들어간 듯 습기 찬 집을 계약했고 주변의 물건들이 녹이 슬어갔다. 그런데도 '왜 이렇게 녹이 슬지?' 생각만 하고 1달간 꾸역꾸역 살아가다 여자 친구의 "어떻게 이런 집에서 살 수가 있어, 당자 빼자." 호통 속에 그날로 주인과 만나 계약을 해지하고 그 달치 방값까지 눈물을 머금고 주고, 소박한 짐들을 차량에 싣고 이동했다. 청춘들의 배고픔을 해결해 줄 신림동으로 이사했고, 그 나름 성공적이었다.

깔끔한 외관에 튼튼한 건물과 무엇보다 주인아주머니 인상이 좋으셨고, 같은 종교를 믿고 계셔서 믿음이 갔다. 그 믿음은 몇 년 동안 나를 신림동에 거주할 수 있게 해주었다.

땀 흘리며 농구하는 대학생들과 마스크를 착용하고 무슨 노래를 듣고 걷는지 이어폰을 꽂고 야무지게 걷기 운동 중인 사람들이 보였다. 가벼운 주머니 탓에 편의점에서 구매한 술을 추억을 안주 삼아 도란도란 취기가 올라온 어르신들을 만날 수 있는 사람 냄새나는 곳. 숙소에 대한 모든 고민과 어려움은 사라졌다. 그러나 숙소보다 더 중요한 회사 생활이 기다리고 있었다. 첫 출근 전 서울에 올라오자마자 환영식을 해준다고 전날 회사 근처로 갔다. 환영식은 아니었고 한 분의 직원이 떠나는 송별식에 겸사겸사 환영식과 함께했다.

프리랜서 강사일 때 물론 서울에 올라와 교육을 몇 번 받으면서 교육원 직원들의 특징을 어느 정도 알고 있었지만 상사의 모습으로 바뀐 그들과 함께하는 첫 번째 자리는 편하지만은 않았고 송별회 자리에 아직 계약 서류에 도장도 찍지 않은 내가 함께 있다는 것이 어색하고 이상했다. 역시 어느 집단을 가도 여당과 야당은 있었다. 한창 분위기가 오르고 다들 2차를 소리지를 때 여·야당으로 나누어졌다. 남성 직원들은 당구장에 나를 데려가려고 했고, 여성 직원들과 대표는 노래방에 같이 가자고 했다. 어딜 가든 누군가에게는 서운한 감정이 들 수 있는 선택의 시간, 군 생활 사고방식이 남아서 그런지 '회사가 단합이 안 되나? 대표가 가자고 하면 가는 거 아닌가?' 이런 생각을 하며 먼저 여직원 몇 명이 팔을 붙자고 노래방으로 데리고 가는데 못 이기는 척 따라갔다. 이렇게 나의 서울 입성 첫 직장 생활이 시작되었다.

서울 도시 남자가 된 듯 아침 일찍 알람 소리에 일어나 깨끗하게 비누로 온몸을 샤워를 하고, 작은 거울로 깔끔하게 정장 차림을 확인 후 문단속을 하고 힘차게 가방을 메고 걸어갔다. 물소리를 들으면서 천을 따라 15분 정도 이동하면 2호선 신림역이 나온다. 내 나름 역세권에 살고 있다는 뿌듯함도 잠시 후 출근길 2호선은 거의 헬 지옥이었다. 여기저기 정거장에 설 때마다 사람들은 힘자랑이라도 하는 듯 밀고 들어왔고, 혹시나 모를 신체 접촉에 양손은 손잡이를 잡고 사전 오해 소지를 해결하는 치밀함까지 보이면서 회사 근처 교대역에 도착했다. TV에서만 보던 복잡한 지하철 출퇴근길, 걸어서 출근하는 생활이 시작되었다. 3번 출구를 올라와 10분을 더 가면 아주 큰 빌딩이 나온다. 여기 2층이 교육원이었다. '이렇게 좋은 빌딩에서 일을 하게 되었구나' 360도 돌아가는 회전문을 통과하니 경비 아저씨가 웃으면서 눈인사를 했다.

"안녕하세요."

큰 소리로 인사를 하고 엘리베이터에 탑승했다. 내 꿈을 찾고 싶어 왔던 이곳, 교육받았던 그 장소로 이동했다. 지금은 직원 입장으로 조금 다른 기분으로 회사에 들어갔다. 큰 소리로

"안녕하세요."

일찍 출근했는지 한 분이 인사를 받아준다. 뒤이어 한 명 한 명씩 사무실을 가득 채우고 첫 미팅에 정식으로 자기소개를 하고 업무에 들어갔다. 일상적인 교육업체 직원의 모습은 경리사원을 제외하고 교육 준비와 지방 출장이 대부분이었다.

나에게 주어진 임무는 강 교수님의 수행이었다. 좋게 말하면 수행비서 역할, 일본 말로는 가방 모찌였다. 경기도 화성에 위치한 대학교 교수였던 강 교수님은 서울 서초동 사무실에 출근해 직원들과 미팅 후 일주일에 2~3회 정도 대학교에 가서 강의를 했다. 이때 회사에서 제공해주는 차량을 타고 교수님을 수행하는 일과 각 지역에서 교수님을 선호하는 곳에 특강 요청이 들어오면 사전 담당자와 연락해서 동선을 파악하고, 강연장에 노트북 설치와 빔 프로젝터부터 음향장비까지 확인해서 강 교수님 강의하는 데 잘 준비하는 임무를 했다. 교수님과의 인

연은 『가슴 뛰는 삶』 책을 읽고 이렇게 둘러 다가왔다. 처음 마음은 '정말 감동받으면서 읽은 책의 저자와의 만남'이 좋았고, 나 또한 교수님처럼 강단에서 청중들과 신나게 호흡하는 그날을 그려보는 재미가 쏠쏠했다.

어디를 가나 텃세가 있듯이 여기도 마찬가지였다.

교육받을 때는 그렇게 좋던 사람들이 직원으로 함께 일을 하다 보니 달리 보이는 부분들이 많았다. 강 교수 수행 비서를 제외하고는 사무실에서 근무를 하는데 직원들은 각자 자신의 임무에만 집중할 뿐 나를 전혀 신경 쓰지도 않았다.

"과장님, 제가 도울 일이 있을까요? 대리님, 무엇을 하면 될까요?"

"교수님 수행한다고 고생하는데 쉬세요."

말이 쉬는 거지 사무실에서 다들 일하는데 나만 멍 때리고 있는 상황이 자주 있었고 작은 일이라도 하고 싶어 주변 정리와 함께 일을 찾아보려 노력했다. '무관심도 이렇게 힘들 수가 있구나.' 강 교수가 밖으로 이동하지 않는 날은 극히 드물었지만 그 드문 날에는 사무실에서 어색한 시간이 이어졌다.

살아오면서 나 또한 누군가에게 철벽을 치고 무관심으로 상처를 주지는 않았는지 반성해본다.

무엇을 해야 할지 고민일 때는 일단 부적절한 일을 제외하고는 일단 부딪쳐보는 것이 좋은 듯하고, 이것을 할지 저것을 할지 고민으로 힘들어할 때도 마찬가지로 두 가지 중 한 가지를 선택하면 그 고민은 사라졌다.

사소한 일이라도 내가 할 수 있는 일이 있으면 뛰어가서 함께하는 열정을 보였다. 그 열정은 몇 년 가지 못했지만 첫 시작은 열정으로 가득했다.

4

나만의 교육, 나만의 강의

어떠한 분야 어떠한 일을 하든지 나만의 방법과 스타일이 있다. 그것을 빨리 찾는 것이 관건이다.

서울에 올라와서 정말로 하고 싶은 분야는 청소년들 앞에서 강의를 하는 거였지만 회사에 출근하면 그날 강 교수님의 동선이 어떻게 되는지 파악하는 게 1순위였고, 회사 차량 연료인 가스를 지정장소에서 충전하는 것이 두 번째 일이었다. 쭉 수행 임무를 하며 강의할 장소에서 평상시처럼 교수님은 같은 강의 내용으로 많은 사람들 앞에서 2시간 비전 특강을 진행하는데 어떻게 저렇게 신이 나서 청중들과 소통을 하는지 신기했고, 청중들도 항상 웃고 즐거워하는 포인트 지점이 있다는 것을 발견했다. 교수님도 청중들이 웃고 즐거워할 타이밍에는 목소리와 제스처가 유독 커졌고, 10번 강의 중 1번 정도 청중들의 반응이 없는 날이면 차 안에서 넌지시 물어본다.

"오늘 강의가 어땠어? 지호 씨?"

'어떻게 대답을 해야 하지?' 처음에는 당황스러웠지만 시간이 지날수록 나만의 모범 대답이 생겼다. 같은 강의 내용이지만 매번 작은 거 하나하나 수정하면서 강의 준비를 하는 모습을 본받고 싶었다. 멀게는 경남 진주부터 강원도 인제까지 전국을 돌면서 교수님을 수행한 시간이 어느덧 10개월이 되는 그날부터, 교육원에 무슨 바람이 불었는지 3명의 직원들이 줄줄이 사표를 내기 시작했다.

'기회는 우연하게 온다고 했나?' 영업을 담당했던 동갑내기 직원이 외국으로 이민을 가면서 나에게 돌아온 영업 기회, '영업? 어떻게 하는 거지?' 누구 하나 알려주는 사람이 없고 나에게 주어진 것은 대리 월급은 그대로인데 영업할 때 보기 좋게 과장으로 승진된 명함이 주어졌다. 그리고 각 파트별 제안서가 전부였다. 몇 분의 임원들에게 노하우를 물어봤지만 그분들도 딱히 영업에 소질이 있어 보이지는 않았다. 교수님의 수행비서 임무는 사라지고 학교와 교육지원청 등을 돌면서 영업을 해야 하는 임무였다. 첫 번째 고객과의 영업은 교육 담당 팀장과의 약속을 성사하고 약속 시간에 인사를 하러 갔는데 그렇게 덥지도 않은 날씨인데 긴장한 나머지 머리 뒤쪽에서 식은땀이 흐르는 것을 느끼면서 제안서를 건네고 10분의 시간이 흘렀다. 뭐라고 이야기한지도 모를 정도로 긴장이 되었다.

"그럼! 검토해보시고 연락 기다리겠습니다."

빨리 이 자리를 나섰다. 지금 생각해보면 그 팀장에게 고맙게 생각한다. '젊은 사람이 영업을 처음 하는 모양이구나.' 말도 더듬더듬 어설프게 했지만 그는 이렇게 말했다.

"예! 설명 잘 들었고 잘 검토 후에 연락드리죠."

따뜻한 한마디에 용기를 내서 쭉 영업을 다닐 수 있었다. 교육원에서 강의 일정이 없는 날에는 영업을 하고 강의 일정이 있는 날에는 PM을 하면서 학교 담당자 연락과 각 반별 강사들 강의 잘할 수 있게 뒤에서 도와줬다. 강사들 중 현 교수님이 당시 내게 해준 말이 오래 기억에 남았다.

"지호 코치도 교육원에서 영업, PM을 하지만 결국 강사가 되는 게 목표죠? 그럼 최대한 다른 강사들 강의하는 모습 많이 보고 공부해서 기회가 생길 때마다 돈을 떠나서 강단에 많이 서보는 게 최고니 있을 때마다 강의 많이 하세요. 그게 남는 겁니다."

전체 영업, 담당자 연락과 강의 물품 준비, 교육 운영과 마지막 보고서 제출까지 교육 전체 사이클을 몇 번 돌려보니 감이 잡혔고 내 나름의 노하우도 생겼다. 현 교수님 말처럼 운영자 역할을 하면서 틈틈이 많은 강사들 강의를 뒤에서 보고 수첩에 메모하고 머릿속으로 시뮬레이션 하면서 습득하려고 노력했다.

보통 교육원에서 교육을 진행할 때 강사 배정은 강의 역량을 갖춘 직원을 우선순위로 넣고 나머지 반은 외부 강사들을 섭외해서 진행했다. 그러니 회사에서는 직원들 월급만 주면 되니 강사비 절감 차원에서도 자연스럽게 강의할 수 있는 시간이 자주 늘어났다. 교육을 운영하면서 많이 보고 배웠던 내용을 머릿속에서만 시뮬레이션 해봤지 현장 감각이 없던 나에게 더없이 좋은 기회의 시간으로 채워졌다. 보고 배웠던 내용을 실행으로 옮기면 다 될 듯했지만 강사 역량이 부족하면 교육생 만족도도 좋지 못했고, 교육생의 태도와 학교 분위기에 따라서 천당과 지옥을 왔다 갔다 하는 강의 시간을 보냈다. 생각처럼 강의는 되지 않았고 열정만 가득한 하루하루를 보냈다.

주어진 기회는 차곡차곡 쌓여갔다. 경북 모 특성화고등학교 교육하러 회사 차량에 직원들 픽업 후 고속도로를 지나 꼬불꼬불 힘든 산길을 통과해 숙소에 도착했다.

"내일 학교 힘들 거야. 준비 잘하고 자."

역시나 다음 날 학교에 갔는데 담당 선생님과 미팅 겸 차를 마셨다.

"2학년 누가 들어가나요?"

"제가 들어갑니다."

"자는 애들은 그냥 두고 많이 힘든 반이니 조금만 주면서 교육하세요."

'뭐지? 이 선전포고는.' 강의 경험이 몇 번 되지 않은 나는 덜컥 두려움이 찾아왔다. 배정받은 교실로 이동해서 문을 드르륵 여는데 불이 꺼진 교실에는 7명 정도 학생이 있었고 나를 보는 표정은 '네가 오늘 교육하러 온 강사가?' 살짝 쳐다보고 대부분 떠들거나 잤다. 종이 울리고 반장을 불러 인사를 시키는데 목소리는 들리지 않고 아주 불편한 표정으로 고개만 아주 살짝 끄덕하는 모습에 강사의 기선제압은 물거품이 되는 듯,

"안녕하세요. 정지호 강사입니다."

지금 생각해보면 내가 왜 이런 행동을 했는지 이해가 되지 않지만 학생들에게 큰절을 하며 인사를 했다. 나의 열정과 진심이 학생들에게 전해지기를 바란 것인지……. 여학생 한 명이 대뜸 훅 치고 들어왔다.

"샘~ 강의 초짜죠?"

얼굴은 가뜩이나 붉은 편인데 모닥불 피워놓은 듯 더 활활 타올랐고, 강의 초반의 기선제압은 공중분해가 되고 완전히 엉망인 강의가 시작되었다. 쉬는 시간에 강사 대기실에서 다른 반의 분위기를 물어보려고 하는데 문을 열고 들어오는 여성 강사의 눈에는 눈물이 흐르고 있었다. '비슷한 분위기인 듯, 하루 교육이 아니고 2박 3일 교육을 해야 하는데' 2교시 시작인데 내일 강의가 걱정이 됐다. 아뿔싸, 교육하러 교실에 갔더니 준비했던 교육용 간식을 강사가 주지도 않았는데 그냥 과학실 신체 해부실험을 한 듯 다 갈기갈기 찢어서 맛있게 먹고 있는 것이었다. 당시 정말 어이가 없어 화도 못 내고 이렇게 무기력하게 교육 1일 차를 마무리했다. 숙소에서 다 같이 저녁 식사를 하면서 본부장에게 말했다.

"저 내일 교육 자신이 없습니다. 대신 부탁드리겠습니다."

정말로 자신이 없었다.

게임도 소용없으니 교육은 더 말할 것도 없는 분위기. 그냥 유령처럼 강사 앞에 두고 자신들 시간을 보내는 그곳에서 강의하는 것이 두려웠다. 그러나 2일 차 교육도 자연스럽게 내가 하게 되었고 본부장은 교실에서 도와주기로 했다. 2일 차 교육 시간이 되어 무거운 마음으로 교실 문을 열고 들어갔다. 학생들 눈빛은 '호구 왔나?' 강사 스스로 위축된 모습이 학생들에게 전해진 듯, 어제 보이지 않았던 학생인데 교실 제일 뒤 창가 쪽에서 자고 있어 본부장이 가서 좋게 타이르며 수업에 참여시키려고 하는 상황이었다.

"아이 C 왜요? 안 할 건데 그냥 두세요."

문신이 있었고 팔목에는 다양한 액세서리로 치장을 하고 있었다. 딱 봐도 일진 느낌, 학교 담당 선생님도 안절부절못하면서 어떻게 해야 할지 모르고 반강제로 그 학생을 합류시키니 분위기는 어제보다 더 심해졌다. 양손에 들고 있던 강의 무게를 던져버렸다.

어제 강의는 잘하고 싶은 마음에 시작했고, 2일 차는 이들이 원하는 방향을 물어보고 시작했다.

"오늘 2일 차인데 어떻게 교육 진행하면 조금 더 알찬 시간이 될까요?"

한 여학생이

"맛있는 간식도 자주 주고, 재밌는 영상 봐요. 그냥! 교육은 하지 말고."

뒤에서 선생님과 본부장이 보고 있었지만 그들도 이들을 어떻게 하지 못하는 상황, 이들의 요구대로 1/10만 교육을 하고 9/10는 재미있는 영상과 교육 영상을 믹스하면서 틀어줬다. 학생들이 원하는 방향으로 교육을 진행했다. 그러니 1일 차에 잘하려는 의욕에 상처받은 마음은 온데간데없이 사라지고 2일 차에 하나 깨달은 것이 있다. 학생들에게 마음의 컵이 있는데 강사가 너무 학생들 컵에 물을 넘치게 따르면 안 되겠다는 것과 학생들이 원하는 것이 물인지 음료인지 잘 파악해야겠다고 이번 교육을 통해서 느꼈다. 양손에 들고 있던 잘하고자 하는 마음을 내려놓고 학생들 눈높이에 맞게 교육을 진행하니 학생들도 만족했고, 강사도 큰 상처 없이 2일 차 교육을 잘 마무리했다. 학생 한 명이 말했다.

"샘, 그래도 샘이 착하고 좋으니 우리 반 이 정도라도 하는 거예요. 평소에는 완전 더 개판이에요." "그래, 고맙다."

딱히 해줄 말이 없었다. 몇 번 해보지 않은 강의에 아주 강력한 펀치를 맞은 기분이 들었지만 좋은 교훈도 얻었고 앞으로 강의하는 데 큰 밑거름 역할을 해준 시간이었다. 지금까지 강의를 하면서 손가락에 꼽을 만큼 힘든 학교였고, 생각해보면 조금 더 한 명 한 명 이름을 불러주지 못하고, 조금 더 다가가지 못한 것이 아쉬움으로 남는다.

교육원에서 제공해주는 강의안은 같지만 강의를 하는 사람 스타일은 많은 참관을 하면서 다르다는 것을 알게 되었다. 그럼 나에게 어울리는 스타일은 무엇일까? 지식형 전달 강의, 재미 위주의 강의, 나만의 교육, 나만의 강의를 찾기 시작했다. 각종 강의 관련 전문서적을 구매해서 읽어보고 필요한 내용이 있으면 하나하나 메모해서 강연현장에서 써먹었고, 다른 강사들이 교육하는 인상적인 부분들은 메모해서 나에게 어울리는 것들만 정리해 교육을 하기 시작했다. 우리 교육원 강사들뿐만 아니라 다른 교육업체에서 운영하는 강사 스킬 향상 교육과정도 사비를 내서 듣고 배워 교육현장에서 써먹었다. 버릴 건 버리고 삼킬 건 삼키면서 하루하루 강사 생활을 다져갔다. 결국 지금까지 나만의 스타일로 강의를 진행하고 있으며 그 노하우들을 블로그에 공유 중이다.

어떠한 분야 어떠한 일을 하든지 나만의 방법과 스타일이 있다. 그것을 빨리 찾는 것이 관건이다.

5

직장 생활과 이별

요즘 시대에 끼니를 해결하지 못해 배고파 굶어서 죽는 경우는 거의 없다. 교육업체 일을 하면서 경영상 문제로 회사는 구조조정에 들어갔다. 월급을 가장 많이 받는 임원들 3명이 퇴사하고 내가 입사할 때 퇴사했던 임원이 회사 대표로 들어왔다. 회사 또한 서초동 고층 빌딩 2층 큰 사무실과 강의장에서 강남 개포동 작은 사무실과 강의장으로 몸집을 줄여서 이사를 왔다. 이렇게 구조조정이 일어나고 회사 또한 축소한 마당에 나도 가만있을 수 없었다. 함께 일해본 적은 없지만 대표와의 미팅을 신청해서

"회사도 어려운데 개인 월급을 삭감해서 작은 도움이 되고 싶습니다."

정말 지금 생각해보면 미친 행동을 했다. 직장인들의 낙인 월급을 더 올려달라고 하지는 못할망정 '아~~놔 왜? 스스로 미친 짓을.' 당시 회사에 대한 애사심과 충성도가 높았는지 후

회할 행동을 하고 말았다. 지금도 와이프와 옛날이야기를 하면

"오빠, 그때 왜 그런 무모한 행동을 했어?"

바보 취급받는다. 왜 그랬을까? 흠!

　교육업체에서 일을 하다 보면 사무실에 앉아 있는 날보다 전국 지방을 돌아다니며 강의하는 날이 많다. 꽉 막혀 있는 고속도로에서 시간을 낭비하면서 서울 톨게이트를 지나 양재 IC를 만나게 된다. 한 시간가량 줄줄이 비엔나처럼 앞 차량 꽁무니를 슬금슬금 브레이크를 밟으며 따라가기를 반복한다. 피곤에 절어 회사에 복귀하면 그날 교육 가서 사용했던 교구들과 함께 금일 교육했던 내용을 종합해서 보고서를 작성하고 퇴근을 한다. 설상가상으로 나라장터, 학교장터에서 입찰이라도 몇 개 뜨면 교육 준비와 함께 입찰까지 같이 준비하며 야근을 해야 할 때가 자주 있었다. 고민을 하기 시작했다. 다른 강사들은 꾸준하게 교육원과 연계해서 강의만 잘하면 은행계좌로 강사비가 입금이 되었다.

　우리는 교육 준비부터 진행, 강의 후 교육 마감 정리 보고서까지 중간 중간 온, 오프라인 영업을 함께 했다. 가끔씩 입찰까지 있으면 사무실에서 이러지도 저러지도 못하며 노트북 앞에서 과부하 된 업무를 한다. 일의 양은 배로 했지만 일반 강사들보다 월급은 적게 받았다. 월급이라도 많았으면 이런 생각도 안 했겠지만 강의 10번만 하면 내가 받는 월급보다 더 많이 받았으니 힘 빠지는 일상이었다. 물론 프리랜서 강사들은 고정수

입이 없기 때문에 사실상 스스로 강의 실력을 평가받고 개인영업을 해야 하는 리스크가 따랐다.

이렇게 하루하루 회사 생활에 임하며 퇴사를 고민했다. 친한 강사님들과 저녁 식사 겸 소주 한잔 나누며 속에 있는 이야기를 했다.

"강사님, 제가 교육원에서 일한 지 몇 년이 됐는데 아시는 것처럼 업무도 많고 퇴사를 진지하게 고민 중에 있습니다."

강사들은 대부분 이렇게 말했다.

"그렇죠! 그래도 회사 생활이 좋지 않을까요? 밖에 나오면 춥습니다."

이 말에도 공감하면서 당시 여자 친구인 와이프와 진지하게 의논을 했다. 개포동 사무실로 이사 오고 와이프는 먼저 회사를 그만두고 다른 회사에 취직해서 일하고 있을 때였다.

"오빠! 그만두고 싶다는 이야기는 예전부터 했잖아? 결정했으면 우리 결혼 전에 퇴사하고 프리랜서 준비해봐."

고민 상담한 사람마다 자신의 모습에서 각기 다른 의견들을 주었고 결국 선택은 내가 해야 했다.

꼬박꼬박 들어오는 월급의 달콤함을 버릴 것인가? 아니면 새로운 도전을 시작할 것인가? 두 가지를 비교 분석해본다. 회사에 계속 있으면서 3년, 5년 뒤의 모습을 그려보았을 때 매일 허덕이면서 사장과 다투고 똑같은 강의와 교육 준비의 비슷한 모습이 그려졌고, 퇴사를 하고 3년, 5년 후를 그려보니 교육업체에서 배운 경력과 노하우를 바탕으로 영업도 하고 강의도 지금보다 더 열심히 한다면 금전적으로나 시간적으로 훨씬 더 만족스러운 하루를 보내고 있을 듯했다. 그날로 결심을 하고 마음속에 사표를 품고 일을 하다 딱! 그날이 다가왔다. 나와 대표는 가치관과 일적인 부분에서 평소 부딪치는 일이 잦았고, 나 또한 대표에게 충성하기보다는 내 의견들을 필터링 없이 자주 이야기하곤 했다. 원아웃 투아웃인 상황, 쓰리아웃이 되기 전에 내 발로 나가겠다고 결심하고 있을 때 대표의 호출로 대표실로 갔다.

"요즘 팀장이랑 사이가 안 좋다고 하던데 팀장을 조금 몰아세운다는 이야기가 있어."

'이 무슨 황당한 소리인지 팀장과 와이프와 나는 지금도 몇 개월에 한 번씩은 꼭 만나는데' 어디서부터 대표와의 연결고리가 엉킨 건지 주변의 이상한 소문을 듣고 나에게 말하는 것이다.

"대표님, 팀장한데 들은 건지 주변의 이야기를 듣고 저에게 말하는 건지는 모르겠지만 이렇게 신뢰를 못 하시니 회사를 그만두겠습니다."

퇴사를 하겠다고 이야기하니 대표는 많이 당황한 표정을 지었다.

"정 과장, 그렇게 극단적으로 생각하지 말고 천천히 생각해보자. 내가 오해를 했을 수도 있고."

더 이상 내 귀에 대표의 말은 들어오지 않았다.

"예전부터 퇴사를 결심하고 있었는데 이렇게 결정했으니 후임자 뽑으시고 인수인계하고 퇴사하겠습니다."

"그래, 흠! 예전부터 생각했다고. 그럼 이번 주까지 결심하고 다음 주 월요일 조회 때 최종 결정해서 이야기해주게."

"알겠습니다."

퇴사를 하겠다고 이야기를 하니 너무 속이 시원했고, 퇴사 후 나의 동선을 어떻게 준비하면 좋을지 계획을 짰다. 프리랜서 강사의 삶은 강의가 없으면 돈을 못 버는 직업이니 필요한 품목들은 무엇이고 당분간 어떻게 지내야 할지 기분 좋은 느낌과 도전정신이 함께 왔다. 무언가를 새롭게 시작한다는 기분은 참 좋았다.

무엇을 하든 잘될 것 같은 생각, 어려서부터 부모님께서 내가 새로운 것을 할 때 항상 "아들은 뭘 하든 잘할 거야."라고 믿어준 덕분이다.

직원들에게도 대표와의 미팅이 끝나고 퇴사를 한다고 이야기하니 다들 아우성이다.

"왜? 왜요~~!"

당시 남자 직원이 대표를 제외하고 나와 상무 단둘이었는데 짐 정리하고 힘쓸 일을 할 남자 직원이 빠지게 되니 미안한 마음도 있었다. 속 시원한 기분으로 평소 친한 상무와 회사 근처 막썰어횟집에서 갓 잡은 오징어 회와 소주 한잔을 걸치며 이야기를 했다.

"상무님은 안 그만두십니까? 회사 마음에 안 들잖아요."

"그렇기는 하지만 일단 먹고살아야 하니 밧줄 잡고 있어야지. 나도 곧 내 길을 찾아 떠날 거야."

잘한 결정인 듯 상무는 외쳤다.

"지호의 창창한 앞날을 위해 건배!"

그날따라 소주가 달달하니 한 잔을 쭉 들이켰다. 앞으로 삶을 위해서!

다음 주 월요일 아침조회를 끝내고 대표가 한마디 건넸다.

"정 과장, 결정했나?"

"결정은 저번 주에 했고 다시 말씀드리겠습니다. 퇴사하겠습니다."

어색한 아침조회가 끝이 나고 나는 11월 말까지 남은 15일 인수인계하면서 더 근무했고, 11월 말에 퇴사하기로 결정되었다. 걱정보다는 설레는 마음이 더 컸고, 앞으로의 청사진을 그려봤다. 보름 동안 회사에서 일을 하면서 하나하나 인수인계를 하며 프리랜서 활동에 필요한 노트북을 구매하고 필요한 서류와 강의안들을 노트북에 옮기면서 프리랜서의 길을 준비했다. 11월 넷째 주 금요일, 회사 직원들과 다 같이 근처 고깃집에 모여 송별회 겸 회식자리를 가졌다. 온 가게 안에 뿌연 연기와 함께 지글지글 맛있는 고기 냄새가 넘쳐흘렀고, 대표는 직원들을 집중시켰다.

"그동안 고생한 정 과장 건배사 한번 들어보자."

다 같이 수고했고 나와서도 잘 살겠다는 쑥스러운 건배 제의를 하고, 대표가 준비한 금일봉 현금 뭉치를 받고 나의 모든 회사 생활은 종료되었다. 에피소드로 퇴사를 응원해주고 본인은 일단 계속 회사 생활을 하겠다는 친한 상무도 나의 퇴사 후 그 다음 달 퇴사를 했다. 우리에게 영원한 직장은 없다. 만들어 가는 거다.

요즘 시대에 끼니를 해결하지 못해 배고파 굶어서 죽는 경우는 거의 없다. 회사 생활을 할 때만큼만 일해도 충분히 먹고살 수 있다고 자신했고, 회사 있을 때와 다르게 나와서는 오직 나의 일에만 몰두할 수 있으니 더 기대가 컸다. 나의 두 번째 프리랜서 삶이 시작되는 순간이었다.

6

나 같은 사람도 강사가 될 수 있다

나 같은 사람도 강사가 될 수 있다. 강사는 아무나 될 수가 있지만 아무나 할 수 없다.

현재 프리랜서 강사활동을 하고 있지만 나의 전문지식을 문제 삼아 강의를 못한 적은 없다. 그렇다고 내가 박사학위를 가지고 있는 사람처럼 이 분야에 전문가는 아니다. 내 머릿속에 백과사전이 들어가 있지는 않다. 그런데 어떻게 강사가 될 수 있나요? 질문할 수 있다. 강사는 많은 지식을 전달해야 하는 직업 아닌가요?

네이버 어학사전 [강사]를 검색하면 1. 학교나 학원 따위에서 위촉을 받아 강의를 하는 사람. 시간강사와 전임강사가 있다. 그럼 [강의]를 검색하면 학문이나 기술의 일정한 내용을 체계적으로 설명하여 가르침. [선생님]을 검색하면 학생을 가르치는 사람. 강사와 선생님의 공통점은 누군가를 가르친다는 것이다. 누군가를 가르치는 데도 몇 가지 방향이 있다.

선생님은 매일매일 같은 학생들을 만나서 다른 내용들을 꾸준하게 전달해야 하지만 나 같은 강사는 매일매일 강의는 하지만 전국을 돌아다니면서 매번 다른 학생들을 만나면서 비슷한 내용을 교육한다. 짧으면 2시간 특강 형식부터 길게는 3일 과정까지 진행하는데 같은 학생과 길게 봐야 3일을 본다. 그럼! 3일 교육 커리큘럼이 내 머릿속에 있다면 도전을 할 수 있다는 것이다.

선생님은 많은 공부와 임용고시를 보고 어렵게 합격해서 교생실습 후 선생님의 삶을 살지만, 대부분의 강사는 특별하지 않은 이상 여러 가지 분야에서 일을 하다가 나처럼 우연히 강사의 길에 들어서는 사람과 사내강사활동을 하면서 프리랜서로 전향하는 사람이 있다. 기타 여러 가지 경우가 있지만 우리가 알고 있는 선생님의 준비과정처럼 어렵거나 복잡하지가 않다. 웬만한 영업력을 갖춘 교육 회사들은 강사 양성과정을 운영해서 자신들 교육원 소속으로 강사 파견을 보내기도 한다. 그러나 영업력이 없을 시 직업으로 힘든 곳이 이쪽 시장이다.

나 같은 사람도 강사활동만으로도 먹고산다. 많은 성인들이 쉽게 강사 시장에 들어오지만 또 쉽게 강사 시장을 떠나기도 한다. 그럼! 강사가 되려면 어떻게 해야 하나? 학력이 중요한가?

꿈 없이 방황하며 친구들과 하루하루 유흥을 즐기던 상업고

한 명의 변화. 천 명의 꿈

등학교 출신 강사다. 당시 강사라는 직업에 대해서 생각해본 적도 없고 내가 강사가 될 생각은 1도 없었다. 강사 생활하면서 교육업체에 고용되어 학교로 파견 나가서 강의하는 경우도 있지만, 담당자가 직접 강사 블로그 속 교육사진과 영상 등을 참고해서 연락이 온다. 이들이 항상 요구하는 것은 이력서와 제안서이다. 이력서에는 학력 사항을 기재하게 되어 있는데 나는 당당하게 상업고등학교 졸업생이라는 타이틀과 함께 "[서울디지털대학교 평생교육학과]"를 작성해둔다. 친한 친구들이 나를 보면 신기해한다. 고등학교 수업 시간에 잠만 자는 놈이 대학 생활을 끝내고 학사학위까지 있다고, 그러나 사회의 시각은 좀 다르다. 마땅히 강사라는 직업을 가지고 있으면 학력부터 보는 것이 일반 담당자들의 통과의례이다.

"어! 학사신데 사이버대학 출신이네요."

은근 무시하는 말투가 담겨 있는 듯하다. '자격지심은 아니다.' 그럼 나는 매번 같은 질문에 사람만 달라지지 똑같은 대답을 해준다.

"선생님, A, B의 강사가 있다. A 강사는 선생님이 요구하는 교육 내용의 박사과정까지 마스터한 전문가이다. 그런데 학교에 와서 학생들과 교육하는 데 소통이 잘 안 되고 재미없이 지식 전달형 강의를 하는 사람이 있다. 반대로 B라는 강사는 담당자가 볼 때 보잘것없는 학위를 취득한 상태이다. 그러나 교실에서 학생들과 호흡하며, 에너지 넘치게 웃고 즐기면서 교육에 충실한 만족도 높은 강사가 있다. A, B 강사 중 누구를 선택하시겠습니까?”

이 담당자도 나의 블로그에서 학생들과 소통이 잘 되는 모습을 보고 전화를 한 것이지 나의 학력을 보고 연락한 것은 아니다. 이왕이면 학력도 좋으면 좋겠지만 나는 현재 교육학 학사라는 학위에 대만족하고 있다. 고등학교 시절 대학은 전혀 생각도 안 했다. 그런데 호텔외식조리학과 졸업 후 서울디지털대학교 평생교육학과까지 졸업했고, 평생교육사 2급도 있으니 나에게는 과분한 학력이다. 물론 박사학위까지 있으면 강의 후받아 가는 강사비가 조금 차이가 있고, 스스로의 전문지식과만족도는 더 클 것이다. 일단! 청소년 분야에서 강의를 하려면학사만 있어도 충분하다는 결론이 나온다. 다음 ‘왜 나 같은 사람도 강사를 할 수 있을까?’ 생각을 해보니 나는 꿈이 없었다.

꿈 없는 청소년 과정과 청년 생활을 하면서 조금은 무미건조한 생활을 한 것이 도움이 되었다. 많은 청소년, 청년들이 내가무엇을 해야 할지 몰라서 고민하는 사람들이 많다. 이들 앞에서 강의를 하는데 “나는 태어날 때부터 꿈과 목표가 있었고 계획을 세워서 지금까지 잘 살아오고 있다.”라고 이야기하면 공감대가 형성이 되겠는가?

빈대로 생각해보자.

“여러분처럼 내가 무엇을 해야 할지 어떻게 하면 나에게 어울리는 무언가를 찾고 꿈을 이룰 수 있을지?”

같은 고민과 생각을 이야기하면서 ‘저 강사도 청소년, 청년 시절 꿈이 없었구나. 그런데 어떻게 찾았지?' 작은 궁금증이라도 생기고 공감을 해주었다면 이때부터 나의 살아온 인생을 조금씩 교육 간 풀어주면서 호기심을 불러일으켜 준다.

대한민국 남자라면 가기 싫어하는 군대 생활을 이등병~상병까지 경험했고 빨리 전역해서 사회로 나와야 하는 판국에 '왜 군 생활을 이어서 직업군인을 선택했는지?' 그리고 어떻게 25살 나이에 5천만 원이라는 큰돈을 모을 수 있었는지 '이 부분에서 많은 학생들이 관심을 가진다.' 그리고 성인오락실, 편의점, 도매 옷 가게, 음식점 알바, 남들보다 늦은 나이에 들어간 호텔외식조리학과 졸업 후 특급호텔에서의 요리사 경력은 '학생들이 선호하는 직업군 중 하나인 요리사'이기에, 잘 다니면 되는데 왜? 사표를 냈는지? 그리고 나의 삶을 돌아보는 자전거 전국 일주 이야기로 이어지면 학생들의 태도는 달라진다.
"와! 혼자서 어떻게 할 수 있어요?"
호기심이 많을 나이에 내가 경험했던 내용들 일부분만 이야기해도 학생들은 호기심을 가지고 자신도 이 교육에 적극적으로 참여하려 한다. 특히 나처럼 학창 시절 꿈도 없고 선생님들에게 사랑도 못 받은 친구들은 더더욱 나의 이야기에 귀 기울인다.

필리핀 어학연수를 가장한 여행에서 스킨스쿠버다이빙 자격증 취득했다. 깨끗한 바다 안, 영상으로 보던 니모와 거북이를 직접 본 스토리 있는 생생한 경험담 이야기를 한다. 학생들이 부러워하며 '나도 직접 해보고 싶다'는 동기부여를 통해서 스스로 목표를 설정하기도 한다. 학생들 질문 중에

"강사님은 어떻게 강사가 되셨나요?"

라고 물으면 앞에서 언급한 이야기들을 하면서

"나도 내가 강사가 될지는 몰랐고 우연하게 지금 여러분 앞에 서 있다."

그리고 가끔 책 속에서 나올 법한 질문을 나에게 한다.

"정말 가슴 뛰게 원하는 일을 하고 있나요?"

항상 돌아오는 나의 답은 똑같다.

"가슴은 뛰겠죠? 사람이니, 100% 원하는 일도 아니지만 그렇다고 원하지 않는 일은 아니다. 이 일을 하다 보면 종종 생각지도 않는 재미와 보람도 있고 또 현재 내가 잘할 수 있는 일이니 감사하다."

그럼 반대로 여러분의 생각은 어떤지 물어본다.

"하고 있는 일에 가슴이 뛰시나요?"

이런 답답함을 해결하고자 강사가 되기 전 평소에 거들떠도 보지 않았던 주변의 책을 사고 빌려보면서 책 읽기에 빠진다. 책의 힘은 사람을 변화시킨다. 직접 경험해서 안다. 그중에서 나의 인생에 큰 영향을 끼친 한 권의 책을 통한 변화, 저자가 누구인지 호기심이 생겨 찾아보니 교육업체 대표가 저자라는 것을 알게 되었다. 기대를 많이 한 꿈 찾기 교육과정을 받기 위해 부산에서 서울로 무작정 올라왔고, 과정이 끝나고 찾아온

허무함도 잠시, 꿈을 찾기 위해 심화교육과정을 신청했다. 이렇게 우연히 찾아온 청소년 진로 강사 양성에 고민하며 선택한 나의 강사 생활이다. 이후 지금까지 청소년 진로 강사로 활동 중이다.

모든 사람들이 강사가 될 수 있다. 자신이 살아온 인생 전반의 경험을 통해서 특히나 청소년 분야 강사를 희망하는 분들은 나와 같이 학생들이 경험하지 못한 작은 몇 가지 일들이 있을 것이다. 학창 시절 힘들고 꿈을 찾아 고민하며 답답했을 때가 있을 것이다. 그런 내용들을 전달해주면 된다. 그리고 어떻게 하면 찾을 수 있는지 안내를 해주는 것이 학생들과 강의하는 전부다. 하지만 강사들 중 자신이 살아온 경험을 학생들에게 이야기하지만 듣지 않는 경우가 있다. 이유는 공감된 이야기보다는 "나도 이렇게 살았으니 너희들은 이 좋은 시대 이렇게 해야지." 잔소리 중심의 교육일 때 그렇다. 이런 분들은 누구나 쉽게 강사 시장의 문을 두드려서 왔지만 쉽게 다른 곳으로 나간다. 나간다기보다는 시장에서 받아주질 않는다. 그래서 강사의 경험을 어떻게 학생들에게 자연스럽게 공감시키고 함께 꿈을 찾아 나갈지를 고민하고 연구해야 한다. 이런 고민과 연구는 학교에서 학생들을 매일매일 가르치는 선생님의 준비과정과는 비교도 되지 않게 쉬운 편이다. 나의 경험을 학생들에게 공감시키는 능력과 자신만의 교수방법을 터득한다면 누구나 이 분야 강사를 할 수가 있다. 나 같은 사람도 강사를 한다.

청소년들이 듣고 싶어 하며 필요한 이야기는 모든 성인들이 가지고 있는 살아온 인생 경험이다. 경험에 공감대를 형성해서 잘 준비해보자. 강사는 아무나 될 수가 있지만 아무나 할 수 없다.

7

청소년 교육 강사를 꿈꾸시는 분들에게

"청소년 진로교육 강사가 되고 싶어요? 어떻게 하면 될까요?"

블로그에 그날그날 교육했던 현장의 모습을 사진과 글로 포스팅한다. 이런 모습들을 본 사람들이 가끔씩 온라인상으로 문의하는 내용이다.

열정 가득한 목소리와 반대로 소심하게 물어본다.

"저도 청소년 교육을 하고 싶은데 어떻게 하면 되나요?"

현장에서 청소년들과 함께 직접 부딪치고 있는 강사에게 물어보는 것이 빠를 수 있다. 이러한 행동들은 강사를 하기 위한 작은 과정이다. 이렇게 꾸준하게 정보를 찾고 공부하며 노력하다 보면 '과연 이 길이 나에게 어울리는 길인가?'라는 의문을 가지게 된다. 열정이 부족한 사람은 보통 이쯤 포기해서 다른 업종을 찾아 떠난다. 반면, 열정이 가득한 사람은 강사라는 직업에 도전을 했으니 현장에서 강의하고 있는 강사들을 찾아다닌다. 어떻게 하면 강사가 될 수 있을지 전화해서 참관하고 책과 인터넷을 보면서 적극적으로 기회를 만드는 행동을 한다. 누구보다 성실하게 임하고 적극적이면 기회는 오게 되어 있다. 어떠한 직업에서나 마찬가지이듯 그 기회가 왔을 때 잘 잡기 위해서 해당 분야를 꼼꼼하게 준비하고 있어야 한다.

<**청소년 교육 강사를 꿈꾸는 사람들에게 전하는 세 가지 생활 팁**>
첫 번째, 학생들에게 교육하는 내용을 강사가 생활화하자.
두 번째, 학생들보다 10년 이상 더 살아온 인생의 다양한 경험을 정리하자.
세 번째, 학생들에게 많은 것을 전달하기보다는 흥미를 주고 작은 동기부여를 하자.

첫 번째, 학생들에게 교육하는 내용을 강사가 생활화하자.

교육을 하면서 학생들에게 매일 자신의 꿈을 이루기 위해서는 작은 것이라도 매일 실천하라고 이야기한다. 과연 학생들에게

"꿈을 꾸고 그 꿈을 이루기 위해 매일 행동 실천하자."

이렇게 이야기하는 강사가 자신은 꿈이 없고 있다 한들 그 꿈을 향해 실천을 하지 않으면서 학생들에게는 실천하라고 강요하는 강의를 한다면 모순이지 않을까?

교육 간 학생들에게 매일 몇 가지 실천하면 좋은 행동을 이야기한다. 첫 번째 인사다. 그냥 인사가 아니라 신경을 쓰고 진심을 담아서 하는 인사이다. 이 방법도 주변 강사분이 알려줘서 잘 활용 중이다.

"자, 따라 해보겠습니다. 안녕하세요. ~히."

한 명의 변화, 천 명의 꿈

이렇게 인사 연습을 같이 해본다.

"자, 다 같이 하나 둘 셋! 안녕하세요. ~~히."

이 순간 학생들은 서로의 어색함에 진짜 웃음을 보인다. 한 번 더 웃어보게 하며, 인사와 관련 스토리를 이야기해주면 왜 인사를 잘하라고 하는지 이해를 한다. 강사 또한 매일 진심으로 인사를 하려고 노력한다. 그날 기분에 따라서 잘 안 될 때도 있지만 매일 실천하고 있다. 왜 진로교육을 하는데 인사하는 것을 이야기하지? 다음 인사를 잘하면 따라오는 에너지 편에서 자세히 이야기하겠다.

강사가 매일 자신의 꿈을 향해 작은 실천을 하고 있는 모습을 보여줘야 학생들도 신뢰를 한다. 나는 매일 아침 짧은 기도문을 읽는다. 그 기도문이 없을 때는 간단하게라도 외친다.

"감사합니다. 오늘도."

이 작은 파장은 오늘 하루를 감사한 마음으로 살게 하고 그 에너지를 학생들과 나눈다. 그리고 얼마 되지는 않았지만 책을 쓰면서 매일 글자 포인트 10으로 A4 용지 2장씩 글을 쓰고 있다. 지금 타이핑 치고 있는 이 글이 초고가 되고 퇴고해서 나만의 이야기가 완성이 되었을 때, 출판사와 출간 계약한다면, 혹시나 서점에서 나의 책을 보고 한 명이라도 도움이 되기를 상상하면서 작성해본다. 학생들에게 꿈을 이루라고 이야기하면서 강사가 실천을 하지 않고, 그냥 책 속의 이야기를 하면 학생들은 단번에 알아본다.

'자기도 안 하면서 우리보고 하라고 하네.'

두 번째, 학생들보다 10년 이상 더 살아온 인생의 다양한 경험을 정리하자.

대한민국 모든 성인이라면 초, 중, 고등학교 의무교육을 받았다. 학창 시절의 삶도 학생들 개개인별로 다른 추억을 간직하고 있겠지만, 의무교육이 다 끝난 성인들은 각자의 진로에 따라서 대학을 선택하고 아니면 현장에 바로 투입하는 등 다양한 이야기들이 넘쳐흐른다.

책 속에 있는 내용이 아니라 청소년들 앞에서 강사의 인생을 이야기하자. 그러기 위해서는 강사의 학창 시절과 20, 30대를 살아온 경험들을 잘 정리할 필요가 있다. 예를 들면 진로교육을 하면서 나를 잘 이해하는 시간인 버킷리스트, 꿈 목록 등을 작성시키는데 학생들이 작성하는 내용들 중에서 10년 이상 더 삶을 산 강사가 이루고 있는 것들이 있다. 그런 내용을 사전에 준비하는 것이다.

"나도 이런 교육을 받았고 속는 셈 치고 작성해봤는데 실제 몇 가지를 이루고 있다."

PPT로 잘 정리해서 보여주면 좋다.

"와~! 강사님, 많은 경험을 하셨네요? 요리사 생활은 어때요? 힘들어요?"

"저도 자전거 전국 일주를 하고 싶은데 펑크 날 때 어떻게 했어요?"

학생들이 매우 관심을 두고 자신의 꿈도 강사에게 이야기하면서 자연스럽게 소통할 수 있다.

강사의 경험을 정리할 때는 실패했던 경험, 학창 시절 경험, 좋았던 경험, 도전했던 경험, 가족들과의 추억, 때론 아무것도 하지 않고 빈둥거렸던 경험, 인사를 잘해서 좋은 기회가 온 경험 등 하루 정도만 고민해서 정리하면 그것이 강사의 재산이고 강의 내용이다. 물론 성인 교육과정과는 차이가 있다.

학생들은 아직 살아온 날과 경험이 강사보다 적다. 그 내용을 살려보자.

"내 이야기가 학생들에게 통할까요?"

적절히 그 시간 커리큘럼에 어울리는 경험을 잘 찾아서 이야기해보자.

주의할 부분은 너무 자신의 이야기를 많이 하면 역효과가 일어날 수 있다. 명심하자, 교육 내용이 우선이고, 강사 스토리는 양념이라는 것을.

세 번째, 학생들에게 많은 것을 전달하기보다는 흥미를 주고 작은 동기부여를 하자.

보통 청소년 교육은 2시간의 특강과 4시간에서 7시간의 워크숍 형태로 운영이 된다. 7시간 동안 같은 학생들과 함께 한다는 것은 보통 일이 아니다. 반대로 이야기하면 7시간 동안 같은 강사와 함께 하는 학생들 또한 보통 일이 아닌 것이다. 그래서 강사는 학생들에게 흥미 있는 교육을 해야 한다. 아무리 좋은 교육이라도 흥미가 없으면 입에서 하품이 나오고 그 하품은 순식간에 반 전체에 퍼지게 된다. 그렇다고 너무 흥미 위주로 가면 그 교육의 질이 떨어진다. 그래서 강사는 적절하게 밀고 당길 줄 알아야 한다.

강사와 학생들은 서로 처음 본 상황에서 교육을 하고 교육에 임한다. 스르륵 교실 문을 열고 들어가면 대부분의 학생들은 나를 한번 쳐다보고 자신의 일을 한다. 잡담, 쪽잠 등 몇 명 학생들은 '저 강사가 뭐 하나' 쳐다보기도 하고 옆에 와서 웃으며 인사를 하기도 한다. 그럼, 처음 만난 학생들 흥미를 불러일으켜 주는 말과 행동이 있다. 몇 가지만 소개한다. 교실에서 컴퓨터와 강의안 준비를 다 했으면 반장에게 인사를 시킨다. "오늘 우리 반에서" 여기서 우리 반이라는 게 포인트인데 [우리]라는 단어를 자주 심어준다.

"잘하는 친구 MVP 3명을 선발합니다. 선발 기준은 첫 번째, 인성, 두 번째, 자세."

이렇게 이야기하면 조금 삐딱하게 앉아 있는 친구들도 바른 자세를 잡는다. 어떤 학교에서 어떤 학생들과 함께 해도 비슷하다.

"세 번째, 교육 간 내용에 충실한 친구."라고 이야기한다.

"오늘 7교시 동안 수업 시간이 아니기 때문에 전체 다 게임

형식으로 진행합니다."

마지막에 한 문장을 덧붙인다. 그러면 이 짧은 시간에 학생들 자세도 좋아지고 '게임 형식으로 교육을 한다고? 어떻게 한다는 거지?' 흥미를 유발해준다. 1교시에 이 정도면 학생들과 나와의 교육 준비는 어느 정도 끝이 난다. 여기서 중간마다 [우리 반]을 강조하면서 질문을 막 던져본다.

"우리 반에서"

"누가 랩을 제일 잘하지?"

"누가 노래, 춤을 잘하지?"

등 막 던져본다. 그러면 일제히 그 반에 끼 있는 친구들이나 조금 재미있는 친구들의 이름을 호명하고 지목한다. 그럼! 오늘 나의 주 파트너 학생을 선정한다. 그 친구를 중심으로 학생들과 흥미를 유발하면서 교육을 진행한다. 그 친구에게는 가끔씩 발표와 음악을 선정할 수 있게 시켜주면 자신도 즐거워 하지만 반 친구들이 더 좋아한다. 이렇게 7교시라는 긴 시간 학생들 하나하나 관심 사항과 흥미 있는 교육으로 이끌어간다면 학생과 강사 둘 다 만족할 수 있는 강의를 할 수 있다. 물론 처음 강단에 섰을 때 이런 생각은 하지도 않았고 오늘 강의만 무사히 잘 끝내기만을 바라면서 강의했다. 차츰차츰 강의 횟수가 많아지면서 얻은 나만의 작은 노하우다. 교육 내용을 너무 많이 전달하면 학생들은 당연히 힘들어한다. 강사들도 역량 강화를 위해서 교육을 받으면 3시간 정도 되면 지겹고 빨리 집에 가고 싶어 한다. 이게 현실이다.

네 번째, 학생들에게 먼저 인사하고 밝은 표정과 마음을 오픈해서 다가가자.

다섯 번째, 학생들이 좋아하는 관심사와 요즘 유행하는 것은 무엇인지 알아보자.

여섯 번째, 학생들에게 아는 것과 모르는 것은 솔직하게 이야기하자. 아는 척하지 말자.

일곱 번째, 학생들 쉬는 시간과 교육 끝나는 시간은 칼같이 지키자.

여덟 번째, 다른 강사님의 강의안을 탐내기보다 내가 만들어서 나누자(공유 → 발전).

청소년 교육을 준비하는 분들에게 작은 도움이 되기를 바라며.

8

아들 바보, 청소년 바보

'세상에 살아가면서 어른이 된다는 것은 어떤 걸까? 부모가 된다는 것은 어떤 느낌일까?'

새해 첫날이면 가족들이 옹기종기 모여서 새해를 맞이한다. 설날에는 서울에 거주하는 사촌들까지 부산에 함께 모여 명절 분위기와 안부를 나누고, 세배를 하게 되는데 보통 각 집안 어르신들이 자리에 앉아 있으면 자녀들도 첫째, 둘째 순으로 세배를 한다. 당시 여기 모인 자녀들 중에서 내가 제일 나이가 많았지만 한번은 첫 번째로 인사를 하지 못했다. 그러자 큰삼촌이 말했다.

"명절 때 세배는 동생네부터 받자. 결혼하고 아기 낳은 동생이 어른이지."

농담을 주고받는 분위기에서 동생부터 절을 하는 모습을 보니 결혼과 자녀에 대해 생각해보게 됐다. 그리고 와이프를 만나서 결혼했고, 우리도 아기를 가지기 위해 노력을 했다. 둘 다

늦은 나이에 결혼을 해서 그런지 양가 부모님들은 빨리 아기를 낳기 기대하고 있었고, 보이는 압박도 들어왔다. 아기를 가진다는 게 원한다고 다 가지는 것은 아닌 듯. 시간은 흘러가 3년 차가 되었고, 장모님은 서울에 거주하고 있는 우리들에게 말씀하셨다.

"용한 한약방이 있으니 여기서 약을 다려 먹어보자. 아는 지인이 여기서 한약을 먹고 떡두꺼비 같은 아들을 낳았다네."

몸에 열이 많은 나에게는 열을 떨어트려 주는 한약을, 몸이 차가운 와이프는 몸이 뜨거워지는 한약을 지어서 먹기 시작했다. 그리고 비뇨기과에 가서 검사도 받아보라고 하셔서 창피함을 무릅쓰고 검사도 받았는데 전혀 이상은 없었다. 한약을 먹어가면서 우리 부부는 노력을 했지만 아기는 생기지 않았고, 별 효과를 못 봤다. 한번은 와이프가 이렇게 말했다.

"오빠, 출장 갔다 저녁에 집으로 올 때 임신 테스트기 한번 사 올래, 생리 기간이 지났는데 안 하네."

살아오면서 처음 느껴보는 설렘과 긴장감이 덜컥 다가왔다. 늦은 밤에 도착해서 약국은 문을 닫았고 주변에 편의점부터 있을 만한 곳들을 찾아서 임신 테스트기를 구매해서 비탈길을 헉헉거리며 뛰어 집으로 갔다.

"오빠, 미안. 아닌가 봐."

나보다 더 실망한 와이프를 보니 마음이 짠했다. 그렇게 출장을 오고 가며 날짜를 잡아서 노력을 했지만 기다리는 소식은 없었고 우린 마음을 비우게 되었다.

"자녀가 있으면 좋고 없으면 우리끼리 즐기면서 살지 뭐."

둘이 고민 고민해서 서울에서의 신혼생활을 접고 와이프 고향인 김해로 이사를 했다. 처음 살아보는 아파트에 입주하게 되었는데 한겨울 가스 신청을 미리 하지 못해서 이사 당일 근처 목욕탕에서 샤워를 하고 주변 가족에게 받은 전기장판을 틀고 위쪽 공기는 춥고, 아래쪽은 따뜻한 상태에서 이사의 설렘과 추위를 동시에 맛보면서 첫날을 보냈고, 며칠이 흘렀다.

"오빠, 나 임신했어."

임신 테스트기를 보여주는 것이다. 우리는 얼떨떨했다.

"아기를 갖겠다는 마음을 내려놓고 편안하게 생활하니 우리에게 아기가 왔구나."

'나도 아빠가 되는 건가?' 아빠가 된 사실을 부모님에게 알리니 우리보다 더 신나 하셨다. 그리고 7주 차, 10주 차가 지나면서 병원 의사가 정해준 예정일이 다가왔고 우린 병원 입원실에서 유도 분만을 하기 시작했다.

1일 차, 2일 차 먹을 것 못 먹고 진통을 느끼면서 너무 심각할 때 진통제를 투여했다. 기진맥진한 와이프의 얼굴이 아직 생생하다. 너무 힘들어서 의사와 부모님과 상의 후 제왕절개술을 했다. 불과 15분 정도 시간이었지만 나와 부모님은 수술실 밖에서 무사히 건강하게 산모와 아기가 나오기를 기도하고 있었다.

"응애~~ 응애~."

소리와 함께 산모에게 달려갔다. 처음에는 괜찮아 보이던 산모의 모습에 안심을 했고, 그 이후 우리 아기 모습을 보는데 탯줄이 달려 있는 곳에 간호사가 가위를 주면서 자르라고 했다. '내가 아빠야, 아들.' 아주 조심스럽게 가위질을 하고 스마트폰으로 아빠가 된 소감을 이야기하라고 하는데 뭐라고 했는지 기억도 나질 않는다.

"건강하게 자라렴."

아마도 이야기일 듯. 무사히 출산을 하고 잠시 부모님을 지하철역까지 모셔다 드리고 왔는데 병원에서 일이 터진 것이다. 출산 후 잠시 대기하는 공간에서 와이프는 누워 있었다.

"오빠, 너무 추워."

의사와 간호사를 부르고 그 8월 한여름에 입술이 파래져서 덜덜 떨고 있는 모습을 보니 눈물이 났다. 기진맥진 기절한 듯 보이는 모습에 수술을 담당했던 모든 의사와 마취과장, 간호사들이 모여서 수습에 나섰다. 옆에 있던 나는 혹시 모를 사고에 무서움이 덜컥 다가왔고, 무슨 일이라도 생기면 이 병원에 즉각 항의하기 위해 옆에 서 있는데 간호사가 보호자는 잠시 나가라고 했다. 귀는 와이프와 의료진들이 있는 곳으로 쏠려 있고 그렇게 강해 보였던 장모님도 화장실 다녀오신다고 갔다 왔는데 눈가에 운 흔적이 보였다.

"장모님, 저희는 한 명만 잘 키우겠습니다."

이와 같은 일이 없었으면 첫째를 가질 때처럼 빨리 둘째 가지라고 할 상황이지만 장모님은 침착하게 말씀하셨다.

"그래 사위, 한 명이라도 잘 키워봐. 둘째 생각하지 말고."

"상황이 더 나빠지기 전에 대학병원으로 옮겨야겠어."

담당 의사의 말이 들렸고 더 불안해졌다. 여러 가지 나쁜 생각들이 다 들었다. 밥도 제대로 못 먹고 이틀간 유도분만을 하며, 체력이 방전될 대로 방전된 상황에서 큰 수술을 했으니 쇼크가 왔고, 병원에 한바탕 큰 소동이 일어난 것이다. 당시에는 아들이 태어난 것보다 와이프의 건강이 우선이었고, 지금은 아들 중심으로 가족이 돌아가고 있다. 아내가 죽을 수도 있었던 사건 이후, 보름 만에 아기가 39도까지 열이 올랐다. 병원에서는 태어난 지 한 달 전인 신생아들은 무조건 대학병원에 검사를 받아야 한다면서 차를 타고 삼성창원병원으로 이동했다.

우린 단순 감기쯤 생각했지만 신생아는 열이 오르면 다양한 검사를 해봐야 한다고 입원을 하게 되었고 면회는 하루에 10분 정도만 할 수 있게 되었다. 하루하루 10분의 면회 시간을 가지기 위해 병원에 가면 우리보다 앞서 줄 서 있는 부모들의 모습을 보면서 같은 느낌을 받았다. 처음 입원실에 마스크와 손 소독을 깨끗이 하고 가운을 입고 아들에게 다가갔을 때는 가슴이 무너지고 둘 다 눈물이 나왔다. 고사리 같은 손에 링거 바늘이 꽂혀 있었고 불편하게 좌우로 움직이는 모습에 너무 부모로서 미안하고 또 미안했다. 아기는 피부가 약해서 매일 손과 발, 오른쪽, 왼쪽을 번갈아가면서 링거 바늘을 꽂아야 하는데 핏줄도 안 보이는 아기에게 얼마나 많이 바늘을 꽂았을지.

이렇게 태어난 지 보름 만에 병원 생활을 하게 되었고, 11일 동안 떨어져서 입원을 하고 퇴원을 했다. 우리는 아기에게 바라는 게 하나 말고는 없었다.

"건강만 해라. 아들."

그렇게 1년이 지나 씩씩한 모습으로 돌잔치를 했고, 두 돌이 지나 추석을 맞이했다. 어디서 옮은 건지 결막염에 걸렸고, 부모님 집에서 차례를 지낼 즈음 열이 39.5도 거의 40도에 임박해서 근처 병원에 갔다. 해열제를 먹었는데도 열이 안 떨어져서 추석이 끝나기도 전에 김해 집으로 이동했다. 근처 중앙병원에서 치료를 받고 결국 입원을 했다. 태어날 때 했던 병치레이후 처음으로 입원을 하는데 손에 링거를 꽂기 위해 바늘을 넣을 때 얼마나 힘이 센지, 내가 아들 몸을 잡고 와이프와 간호사 2명이 잡고서야 드디어 링거를 꽂았다.

"손에 바늘자국이 엄청 많이 있네요."

간호사의 말을 듣고 더 가슴이 아팠다. 우리는 손에 작은 흰색 점들이 왜 있는지 우리끼리 추측하고 있었는데, 이 수많은 흰색 점이 신생아 때 찌른 바늘자국이었다고 생각하니 가슴이 저려왔다. 첫날은 6인실에서 와이프는 아들과 자고 나는 보호자 침대에서 함께 병원생활을 했다. 돈보다는 건강과 편안함이 중요했기에 1인실로 옮겨서 조금 넓은 공간에서 지냈다. 1시간마다 열 체크와 해열제를 먹이는데 아기는 안 먹겠다고 뱉고 우리는 강제로라도 먹여야 했다. 이런 악순환을 반복하면서 병원 생활을 하다 7일 차 때 열도 떨어지고 눈 상태도 조금 나아져서 퇴원을 했다. 아들이 링거 때문에 잠도 못 자고 먹기 싫은 약을 강제로 먹으면서 힘들어하는 모습을 또 보게 되었다.

"건강이 최고다. 정말로 건강이."

예전 부모님들이 "눈에 넣어도 안 아플 내 새끼."라고 말하곤 할 때 전혀 몰랐던 기분을 아들을 키우면서 아파서 병원에 같이 있어 보니 이해가 가기 시작했다. 아내보다는 내가 아들에게 표현을 조금 많이 하는 편이다. 물고 빨고 너무 귀여운 아들을 보면 출장 갔다 온 피로가 싹 가시면서 기분이 좋아진다. 아들도 아빠의 사랑을 아는 건지 잘 때 팔베개를 하든지 내 손을 꼭 잡고 잔다.

청소년들과 강의를 하다 보면 언젠가는 우리 아들도 이렇게 크겠지? 아들 바보인 강사가 학생들에게 접근할 때 내가 낳은 아들딸이 아니지만 아들 낳기 전 강의할 때보다 더 학생들에게 관심을 주고 있다. 잘하는 학생들보다는 조금 조용하고 어울리지 못하는 학생들에게 말 한마디 더 해주면서 응원과 격려를 해주게 된다. 이 학생들도 누군가의 아들이고 누군가의 가족이다. 꿈을 찾아라, 진로를 찾아보자고 이야기하고 다니지만, 마음속에는 부적절한 행동이나, 나쁜 일만 아니라면 무엇을 해도 좋다는 입장이고, 신체적으로나 정신적으로 건강한 청소년에서 청년이 되기를 교육 중에 살며시 넣어서 강의를 하고 있다.

건강한 신체와 건강한 마음! 이 두 가지만 잘 키워간다면 더 바랄 것이 없다.

나는 아들 바보다. 그리고 청소년 바보다.

9
프리랜서의 삶 그리고 1인 기업을 꿈꾸다

　아무런 경제적인 일을 하지 않고, 밥 먹으며 놀고, 때가 되면 자고 하는 부류는 아마 애완동물만이 누릴 수 있는 특권일 것이다. 그 동물도 주인에게 애교도 부리고 자기 나름의 노력은 하겠지만 말이다. 청소년들과 교육을 하다 보면 몇 명의 학생들 꿈은 대체로 비슷하다.

　"매일 놀고먹고 하면서 살아갈 수 있는 방법을 찾고 싶어요."

　"건물주가 되고 싶어요."

　이들이 이십 대가 되면 먹고살기 위해서라도 경제적인 일을 찾아서 하게 된다. 물론 좋아하는 일을 찾으면 금상첨화지만 대부분의 사람들이 내가 원해서 하기보다는 하다 보니 그 일을 하는 경우가 많다.

　우리는 우리에게 주어진 작은 일을 하면서 살아간다. 회사 생활을 하면 누군가의 눈치를 봐야 하고 사장이 되어도 직원들 눈치를 보게 되어 있다. 프리랜서의 삶이라고 다른가? 몸담고 있는 청소년 교육 강사들의 모습을 보면 고용해주는 대표들의 눈치를 보곤 한다. 물론 나 또한 그렇다. 세상 모든 어떠한 업종을 선택하든지 주변을 생각하고 서로 협력해야 사회가 돌아간다.

"그래도 프리랜서와 1인 기업가들은 직장 생활보다는 편하지 않나요? 자유롭잖아요. 내 마음대로 할 수 있고."

간단하게 설명하면 직장 생활하시는 분들은 한 달을 열심히 일하는 사람이나 라인 타고 대충 일하는 사람도 매월 월급이라는 달콤한 수익이 자신의 통장에 들어온다. 그러나 프리랜서는 대충대충 일을 하게 되면 그 일한 만큼 돈이 입금이 되겠지만 그다음부터는 자신을 불러주는 고용인들이 한 명 한 명씩 떠나게 된다.

교육시장을 예로 들면 한 명 한 명의 프리랜서 강사들이 학교에 가서 강의를 하는데 학생들도 바보가 아닌 이상 열정 넘치게 강의하는 강사의 반과 대충대충 하루 때우는 강사의 반의 만족도는 차이가 확연하게 드러난다. 그 만족도는 곧 다음 영업과 직결된다. 다른 학교로 입소문이 나기도 하고 다음 교육 때도 맡아서 하게 되는 것이다. 여기서 만족도가 좋지 않은 강사들은 소리 없이 사라지게 되어 있다. 내가 고용주 입장에서도 그럴 것이다. 이렇게 치열한 세계가 프리랜서이다.

강사 생활 10년 차 프리랜서 생활에서 1인 기업을 꿈꾸고 있다.

가끔씩 아는 지인으로부터 이런 질문을 받는다.

"언제까지 누구에게 고용 받아서 일할 거야?"

"스스로 교육을 개발하고 개인사업 하면서 사람들에게 도움을 줘야지!"

현재 나의 강의 대부분은 청소년교육업체에서 나를 고용해 주는 몇 군데 지역 업체들이 있다. 나를 불러준다는 것에 항상 고마움을 가지고 있지만 가끔 너무 멀거나 힘든 지역도 있다. 이 지역들에서 미리 잡아주는 강의 일정을 거절하기란 쉽지는 않다. 1년치 어느 정도의 강의 일정을 잡아주기 때문에 끈을 놓을 수가 없는 것이다. 이렇게 비슷한 프리랜서 생활을 몇 년 동안 이어가고 있고, 매년 1인 기업가가 되기 위한 꿈을 꾸고 있다.

그럼, 프리랜서와 1인 기업가의 차이는 무엇인가?

프리랜서는 직장에 소속되지 않고 누군가의 요청과 고용이 되어 일하는 직업이다. 출퇴근의 자유가 있지만 일이 없을 때는 거의 백수로 활동한다. 그래서 매월, 매주, 매일 자신의 플랜과 계획을 짜서 나태해지지 않게 생활해야 한다. 또한 직장 생활의 고정적으로 나오는 월급처럼 경제적으로 안정적이지도 않다. 파도처럼 높낮이가 크다. 특히 청소년 교육은 성수기와 비수기(학생들 방학)가 명확하게 나뉜다. 그래서 비수기를 줄이면서 열두 달 일정하게 강의를 할 수 있도록 노력을 한다.

프리랜서는 누군가 일을 만들어서 나에게 위탁을 주는 방식이라면 1인 기업가는 누군가 만들었던 일을 스스로 만들어서 하나부터 열까지 전체를 준비하는 사람이다. 프리랜서의 대부분 사람들이 1인 기업가로 가는 과정에 있고 노력하지 않으면 1인 기업가로 가기가 힘들다.

프리랜서에서 1인 기업이 되기 위해서는 자신의 강점을 부각시키고 집중시킬 필요가 있다.

누군가에게 전문가라는 소리를 들을 수 있을 정도로 나의 강점을 살려 스스로 원하는 온, 오프라인 채널에 자신이 운영하고 있는 것을 마케팅 한다. 그리고 경력을 쌓고 시장성을 검증받으면서 완벽한 1인 기업으로 성장하는 것이다. 나만의 강점(기술)이 있다면 직장 생활이든 직장 밖 정글이든 살아남을 것이고, 반대로 나만의 강점(기술)이 없다면 직장 안에서나 밖에서나 살아남지 못할 것이다.

모든 선택에는 책임을 져야 한다. 나는 직장 생활에서 프리랜서 삶을 선택했고, 이 또한 내가 살아가는 형태이고, 나의 작은 강점으로 전국의 학교를 찾아다니면서 청소년들과 소통하고 있지만 누군가에 고용 받은 입장이다. 스스로 프리랜서 강사 생활을 하면서 1인 기업을 꿈꾸고 있기 때문에 나만의 강점(기술)을 연구하고 고민해나가야 한다. 나의 강점을 찾기 위해서는 주변 사람들 도움이 필요하다.

"이때까지 만나면서 네가 생각할 때 나의 강점이 무엇인 거 같아?"

몇 명의 친한 지인들에게 이 이야기를 듣다 보면 생각지도 않은 나의 강점을 찾기도 한다. 주변에서 생각하는 나의 강점과 스스로가 생각하는 나의 강점이 일치한 부분이 있으면 메모지에 작성해서 그 강점을 어떻게 살릴 것인지 고민하고 노력해야 한다.

4년 전 같은 프리랜서 강사였던 A 강사와 나는 교육 분야와 바라보는 지향점이 달랐다. 나는 프리랜서로 각 지역 대표들의 자주 들어오는 강사 섭외 생활의 익숙함이 좋았고, A 강사는 자신의 강점(기술)을 명확하게 알고 계속 발전시켜 나갔다. 그렇게 준비하고 발전하고 있는 내용을 블로그에 올리면서 온라인 마케팅 효과를 보기 시작한다.

1년, 2년, 3년이 지나가면서 SNS에 비친 그 강사의 모습은 완벽한 1인 기업가의 모습이었다. 자신의 책을 출판했고, 작은 독립출판사도 운영하게 되었으며 경력이 쌓이면서 매월 강의 스케줄은 금방 다 찼고, 가끔씩 TV에도 나오면서 자신의 강점을 어필하기 시작했다. 4년 전에는 같은 프리랜서 강사였다면 지금은 해당 분야의 완전한 전문가의 모습이다. 내가 꿈꾸는 1인 기업가의 모습으로 살고 있다. 예전부터 응원했지만 이 강사는 자신의 강점과 재능을 누구보다 잘 알고 있었고 프리랜서에서 1인 기업가로 가기 위해 누구보다 열심히 노력해서 그 모습을 갖추었다. 진심으로 멋있다.

"강사님, 와~! 책도 내셨네요. 축하드립니다."

"TV에도 나오시고 더 많이 응원하겠습니다."

계속 응원하고 있는 A 강사의 성장하는 모습을 보면서 1인 기업의 모습을 따라가 본다.

솔직한 마음으로 먹고사는 데는 지금 프리랜서 강사의 삶에 만족을 한다. 그러나 누군가가 만든 교육내용을 바탕으로 강의를 했을 때보다는 직접 의뢰받아서 몇 날 며칠을 고민하고 수정해서 나만의 교육을 만들어 강의했을 때 그 보람과 행복감의 차이는 확연하게 차이가 났다. 내가 만든 교육을 한다는 것, 1인 기업이 되기 위한 선택과 집중이 필요할 시점이다.

PART
5

단 한 명이라도
변화될 수 있다면

1

도전으로 삶의 에너지 높이기

"무한~ 도전!"

양손을 가슴 안쪽으로 가지고 와 두 손을 모아 마치 장풍을 쏘는 것처럼 국민 MC 유재석의 구호와 함께 여러 멤버들이 시청자를 향해서 외쳤던 [무한 도전], 참 좋아했던 예능 프로그램을 기억할 것이다.

이런 것까지 도전하나 싶을 정도로 무모한 도전의 연속들, 우린 그런 모습을 보면서 많이 즐거워했다.

무한도전 멤버들도 어처구니없는 도전에 PD에게 투덜대어 보지만, 막상 해당 미션을 도전할 때 모습은 누구보다 적극적이고 재미있게 임하는 모습을 보면서 많은 시청자를 웃고 울렸다.

매일 같은 일만 반복하다 보면 그날이 그날이고 비슷하게 삶이 흘러가는 경우들이 있다. 물론 어떤 이는 이러한 비슷한 일상에서도 즐거움과 행복감을 찾겠지만 나의 경우는 매일 똑같은 일에만 매진하다 보면 쉽게 지루해지고 나태함에 빠지는 스타일이다.

삶의 만족도를 높여주기 위해서 "무한~~~ 도전!"이 필요한 시점을 자주 만들어준다.

그래서 스스로 새로운 무언가를 찾아 나선다. 어떠한 목표가 생기면 고민하지 않고 실행에 옮기는 편이다. 그 목표를 달성하기 위해서는 도전을 해야 한다. 시작이 반이라는 말도 있듯이 도전해서 작은 거 하나라도 실천을 하다 보면 그 작은 실천에 열정이라는 불이 붙는다. 그 열정에 꾸준한 노력까지 더해진다면 그 목표를 이루는 데는 문제가 없을 것이다. 모든 사람들이 이렇지는 않겠지만 나의 경우 작심삼일을 즐기는 편이다. 일단 도전하고 하다 보니 재미가 없고 하기 싫은 일들은 과감하게 그만둔다. 세상에는 정말 많은 관심거리와 할 수 있는 일들이 많이 있는데 어느 것 하나에만 집중하기에는 하고 싶은 것들이 많이 있다. 그래서 도전하고 작심삼일로 이어지는 상황들이 자주 생긴다.

머릿속에서 생각만 하는 목표보다는 일단 저지르고 보는 스타일. 작심삼일인데도 스스로 흥미가 있고 재미있는 일이라면 다시 도전하면 된다. 너무 어렵게 생각하지 말자.

그리고 대한민국에 살고 있는 우리들은 초등학교 교육 때부터 주변 사람들로부터 부담스러운 말을 자주 들었다.

"실수하면 안 돼."

"실패하지 마."

"넌 꼭! 해낼 거야."

"이것보다 더 잘할 수 있지?"

하지만 격려와 응원의 말은 상대적으로 적은 편이다.

"괜찮아, 이 정도면 충분해."

"실수해도 괜찮아."

"이번 경험을 통해서 다음에 잘하면 되지."

많은 청소년들에게 실패라는 경험을 자주 할 것을 권장한다.

열심히 공부해서 자격증 시험에도 떨어져보고, 좋아하는 사람에게 꽃다발과 편지를 주며 고백을 했는데, 거절도 받아보면서 다양한 경험을 해보자. 그리고 큰 담벼락을 넘지 못하는 실패를 많이 해보자. 열심히 준비한 과제물을 많은 사람들 앞에서 벌벌 떨면서 내가 무슨 말을 했는지 모르는 상황을 만들어보자. 전 세계 누구에게나 적용되는 것이 있다. 처음부터 성공하는 사람은 극히 드물다는 것이다. 어떠한 분야의 일이든 실패와 실패를 거듭하면서 성공으로 가는 바람을 탄다.

가끔 아무 생각 없이 혼자서 떠나는 여행을 즐긴다. 20살 군대 가기 전에는 친구와도 함께 했지만 혼자서 조용한 바다를 보면서 한 달 동안 아무 생각 없이 세월을 낚는 낚시를 했고, 그 한 달의 시간 동안 물고기를 잡기보다는 그냥! 사색을 하면서 멍 때리기 도전을 했다. 그냥 아무 욕심 없이 근심 걱정 없이 하는 사색. 그리고 떠난 군 생활 이등병, 일병, 상병에서 선택한 연장전 직업군인의 도전, 친구들은 미쳤다고 했지만 나의 선택은 탁월했다. 그 5년의 군 생활 도전을 통해서 청소년기의 자유로웠던 나의 모습은 옛 모습이 되어 있었고, 내 나름 강인한 체력과 든든한 종잣돈을 모아서 민간인 신분으로 돌아왔다.

군 생활하면서도 유격 교관과 다양한 도전을 했지만 앞 장에서 다루었던 내용이라 생략한다. 전역 후 가장 하고 싶었던 자전거 전국 일주라는 과감한 도전과 함께 설렘도 잠시 작은 접촉사고를 통한 두려움과 실패, 앞에 이야기했듯이 실패와 실패를 통해서 몇 년 뒤 재도전하여 17일 동안의 자전거 전국 일주 도전과 성공 그리고 나에게 찾아온 성취감이라는 선물! 이런 다양한 스토리가 나의 강의에서 좋은 소재거리가 되어 긍정의 에너지를 학생들에게 공유한다.

뒤늦게 선택한 대학에서 밀어준 호텔리어 취업 그리고 몇 년 뒤 다른 길을 가고 싶어 퇴사한 호텔리어 직업, 그리고 떠난 두 번째 자전거 전국 일주 도전과 성공! 무작정 떠난 나 홀로 4개월간의 무모한 필리핀 어학연수를 가장한 여행, 이 여행에서 도전한 스쿠버다이빙 자격증 과정과 애니메이션 주인공인 니모를 찾던 여행의 즐거움은 평생 잊지 못한다. 실제 물속에서 본 니모 모습을 통한 신비로움 등 이런 자연의 에너지가 내 삶에 들어왔고, 이 에너지는 나의 삶의 즐거운 원천이 되었다.

책 한 권을 통한 나의 변화 그리고 강사라는 생각지도 않은 직업에 도전했다. 몇 달 후 찾아온 서울의 거주 생활 선택, 교육업체에서 스카우트 제의, 강의와 영업, 교육 프로그램 만들기 등 다양한 도전을 통한 나만의 커리어를 쌓았다. 또 다른 도전을 위한 퇴사, 결혼이라는 인생의 제일 큰 도전을 하기 위한 작은 상처와 즐거움, 가장으로서, 남편으로서, 아빠로서의 도전까지 현재도 다양한 도전을 하고 있다. 책 쓰기 도전하는 지금도 아들은 노트북에 글을 쓰고 있는 아빠 옆에 착 달라붙어서 타이핑을 못 치게 한다. 계속 무릎에 앉아 나의 얼굴을 쳐다보면서 놀아달라는 아들을 어떻게 재울 것인가, 생활 속 작은 도전들의 연속이 좋다. 엄마에게 부탁해서 아들을 재울 수 있게 했지만 아들은 울고불고 아빠의 품에서 떠나가지 않는다. 엄마는

"말도 안 들어요. 누구 자식인지 모르겠지만."

'그러면서 왜 나를 쳐다보지?'

내가 선택한 직업인 청소년 교육 강사는 많은 장점이 있다. 일단 전국을 돌아다니면서 팔도의 맛있는 음식과 봄, 여름, 가을, 겨울 사계절의 자연과 낭만을 즐길 수 있고, 드라이브를 하면서 아침의 일출과 구름 사이로 보이는 태양 빛이 나를 비추는 시간에 감사하다. 물론 매번 다른 학생들과 만나면서 매일 도전을 하고 있다.

그날 1교시부터 반별 학생들 분위기를 파악해서 흥미와 재

미, 의미를 줘야 하는 도전! 이어지는 교육 간 집중할 수 있게 잘 리드해야 하고 강사가 준비한 내용들이 학생들에게 고스란히 잘 전달되어 서로의 에너지를 공유할 때 느끼는 보람이란 매우 인상적이다. 이렇게 하루하루 작은 도전을 통해서 스스로 재미와 흥미를 느꼈으면 한다. 도전을 하면 에너지가 생긴다. 나만 그렇지는 않을 것이다.

혹시 실패할까 봐 두려워하지 말자! 일단 도전을 해보자. 그리고 작심삼일이 되더라도 도전했던 설레는 마음을 간직하자! 그리고 남에게 피해를 주지 않는 선에서 계속 도전하자.

2

소원을 이루어 드립니다. 드림리스트!

"당신이 원하는 소원이 무엇인가요?"

'버킷리스트'라는 영화를 아주 유용하게 교육 간 틀어주곤 한다. 사업에 성공한 백인 할아버지와 자동차 정비를 하는 흑인 할아버지가 주인공이다. 몸과 마음이 아파서 병원에 입원하는데 공교롭게도 백인 할아버지가 경영하고 있는 병원의 2인실에 같이 입원을 하게 된다. 살아온 환경이 다른 두 주인공은 티격태격 싸우면서 어떤 계기를 통해서 노란 종이에 적혀 있는 버킷리스트 목록들을 공개하게 된다. 이게 무엇이냐고 백인 할아버지의 물음에

"대학 신입생 때 철학 교수님이 버킷리스트 이것을 숙제로 냈다. 인생에서 하고 싶은 소원을 다 적어보라고. 죽기 전에 젊은 애들 버킷리스트 그걸 다시 해보고 싶었소."

백인 할아버지는 매우 흥미로워하며 함께 하기로 결정한다.

물론 집안 식구들 포함해서 다양한 반대 요소들이 등장하지만 결국! 두 할아버지는 세상을 향해 떠난다. 학생들에게는 공감되고 한 번쯤 해보고 싶어 하는 스카이다이빙 장면을 보여주는데 아주 큰 비행기에 고글과 스카이다이빙 안전장비를 착용한 흑인 할아버지가 입술을 떨면서 하늘에서 떨어지는 그 순간

"난 못해."

겁에 질린 목소리에 학생들이 웃음을 터트리곤 한다.

"아~~~~~~."

소리와 함께 그 뒤를 백인 할아버지가 따른다.

"목소리 한번 크네."

하면서 아주 신나는 표정을 짓는다.

"항해를 시작하자고."

망설임 없이 뛰어내린다. 어느 정도 뛰어내리면서 클로즈업된 백인 할아버지는 명대사를 남긴다.

"어때? 이게 바로 사는 거야."

그리고 우글우글 동물들이 득실대는 정글에서 오픈 지프차를 타면서 두 할아버지는 신나게 노래를 부르며 이 시간을 즐긴다. 그리고 후반부쯤 버킷리스트를 다 이루고, 흑인 할아버지의 병이 악화되어 먼저 죽는다. 굉장히 이기적인 성향의 사업가였던 백인 할아버지는 장례식장에서 삼 개월 전만 해도 몰랐던 그를 그리워하며 버킷리스트에 작성되어 있는 모르는 사람을 돕기를 실천한다. "나에겐 삼 개월의 시간이 인생 최고의 시간이었다. 그 사람과 함께한 시간이 서로의 인생에 참된 기

뺨을 찾아준 것 같습니다."

두 분은 구름 한 점 없이 맑은 일요일 오후 산 정상에서 2개의 깡통 캔(화장) 모습으로 함께 장엄한 모습을 보면서 마무리된다.

아주 오래전 이 영상을 보고 똑같은 노란색 A4 종이 한 장을 구매했고, 내 나름 책상에 앉아서 고민하면서 1주일간 생각나는 버킷리스트를 2011.03.25일 작성해보았다. [Dream list 100] 지금 다시 읽어보면 내가 이 당시에 왜 이런 꿈 목록들을 작성했을까? 의문이 드는 목록들도 꽤 많이 있다.

- 영어 라디오 DJ하기
- 와이프와 정열의 탱고 춤 함께 추기
- 나만의 튜닝 컴퓨터 만들기
- 각 나라 축제/이름 외우기
- 토마토 축제 참가하기
- 세계지도 안 보고 그리기
- 3명 소년소녀 가장에게 후원하기
- 산티아고 순례길 800km 도보 여행하기
- 부모님 일대기 만들어 드리기
- 재산 사회 환원하기
- 사회복지 센터 만들기
- 대학교수 되기
- 수화 자격증 따기
- 브라이언 트레이시와 사진 찍기
- 부담 없는 횟집 운영하기
- 자전거 전용도로 전국 일주하기
- 사랑의 장기기증 운동 참여하기
- 몸담았던 학교와 부대에서 강의하기
- 표준어 구사하기

다양한 꿈 목록들을 작성한 종이를 학생들에게 보여준다. 그리고 그중에서 정말로 간절하게 원해서 도전한 몇 가지들을 화면에 사진으로 보여준다. [부모님과 함께 떠나는 제주도 여행]

"부산 사람이라 오글거리는 것 못하지만 하트 표시 뿅뿅."

[바다 수심 20m 니모와 바다거북이 만나기] 이것을 이루기 위한 [스쿠버다이빙 자격증 따기], [나 홀로 자전거 전국 일주 하기. 도전과 실패의 연속], [요리봉사활동 하기], [외국인 친구 들과 배낭여행 가기], [교황님 만나 뵙기], [세계여행 33곳 가 기], [나만의 멘토 만나기] 등 학생들이 흥미 있어 하고 한 번 쯤은 해보고 싶은 스토리 사진과 함께 말해준다. 그러면 중, 고 등학교 학생들 눈빛에서는 나도 저렇게 아니 저것보다 더 재미 있는 것들을 하고 싶다는 것을 보여준다.

"강사님도 자신의 꿈을 향해서 하나하나 도전해서 이루어낸 모습을 보니 나도 꼭! 꿈 목록을 이루고 싶다."

소감문에도 이런 말이 자주 나온다.

이렇게 강사의 실천한 부분들만 이야기해도 작은 동기부여 를 받지만 여기서 한 단계 더 동기부여를 해본다.

"자~ 저를 따라 해볼게요! 가장 순발력이 있는 친구 1명만 선발하겠습니다."

그러면 대부분의 학생들이 자세를 가다듬고 '저 강사가 또 무엇을 하려고 하지?' 호기심 어린 눈빛으로 나를 아주 뚫어져 라 쳐다본다. 나의 손동작과 말로 조금은 유치하지만 함께하는 율동과 함께 스스로 양손에 가상으로 가지고 있는 램프를 문질 러보게 한다.

"램프를 문지르면 뭐가 나올까요? 하나, 둘, 셋!"

"알라딘 해요~~~!"

자신들이 확실하게 알고 있는 지식이라 90% 이상 힘차게 대답한다.

"자~ 여러분만의 알라딘이 이야기합니다. 저 시계로 정각 몇 분까지 작성하는 꿈 목록은 우리 집 형편이 이래서 내 성적이 이래서 다 필요 없습니다. 다 이루어집니다."

그리고 하나하나 구체적으로 작성할 수 있게 예제와 함께 간략 설명을 마무리하고 작성할 수 있는 시간을 준다. 5분 정도 음악 한 곡을 들으면서 자신이 하고 싶고, 되고 싶고, 가지고 싶고, 만나고 싶은 사람들을 작성하는데 여기서도 각자의 스타일이 드러난다. 신중파, 막가파, 중2병 초기 증상, 소극적인, 극단적이 성향의 학생들까지 잘 이끌어가면서 현재 관심 있고 평소에 많이 생각하고 있던 내용들을 작성하게 한다.

"초등학생들은 세계여행이 많이 나옵니다. 여러분들은 조금 더 구체적으로 유럽 프랑스 에펠탑 앞에서 남자 친구랑 브이 하면서 사진 찍기, BTS 콘서트에서 아미들 중 유일하게 혼자 추천받아서 함께 인생 샷 찍기 등 생각만 해도 기분이 좋아지고 꼭! 이루고 싶은 것들을 작성해보겠습니다."라고 한 번 더 이야기한다. 어려워하는 학생들에게는 작고 사소한 것부터 작성할 수 있게 안내해준다. 정말로 간절한 마음으로 작성한 목록들은 꼭! 발표를 시킨다.

"입 안에 있으면 내가 말을 지배하지만, 입 밖으로 나오면 그 말이 나를 지배한다."

이러한 이유로 발표를 꼭 시키려고 한다. 자신이 정말로 원하는 목록들을 발표하다 보면 굉장히 설레서 눈앞에 그 모습이 생생하게 보일 듯이 말하는 친구도 있고, 수줍게 작은 목소리로 용기 내어 발표하는 학생들, 다양한 친구들의 이야기를 들으면서 서로 응원해주고 그 꿈 목록들을 이룰 수 있게 증인 역할을 서로 하게 한다. 그리고 당장 올해 이루고 싶은 한 가지를 실천하면 강사에게 SNS으로 인증 사진을 보내라고 한다.

"샘, 그러면 뭐 줘요?"

"당연하지. 일단 보내봐. 그럼 알게 될 거야."

30명의 반에서 메시지를 보내는 학생들은 극히 소수이다. 그래도 몇 명의 인원이 메시지를 보내주면 굉장한 보람을 느끼곤 한다. '이 학생도 내가 꿈 목록을 작성하고 이루면서 느낀 작은 성취감을 맞보겠구나!' 버킷리스트 영화의 백인 할아버지가 이야기한 "어때? 이게 바로 사는 거야." 명대사를 떠올려본다.

"당신의 소원은 무엇인가요?"

지금 잠시 책을 덮고 구체적으로 3가지만 메모해보자. 그리고 바로 시작하자.

3

청소년들에게 꼭
들려주고 싶은 몇 마디

"지금 이대로도 충분해."

공부를 잘하는 학생들은 더 잘할 수 있게 응원을, 공부에 전혀 관심이 없는 학생들에게는 공부의 흥미를 불어넣어 주는 교육을 한다.

공부를 제외한 최고 우선순위 교육은 청소년들과의 만남에서 사람 됨됨이에 대한 인성교육을 자주 하는 편이다. 청소년들에게 꼭 들려주고 싶은 말이 있다.

"공부보다 인성이 먼저이다."

매일 아침 청소년들을 만나기 위한 나의 하루 일상은 이렇게 시작된다.

강의 일정이 있는 날에는 평소 울리지 않는 알람이 새벽 잠들어 있는 아들을 깨우면서 신나게 울린다.

"아~빠."

아들은 눈을 비비며 잠시 주변을 확인하고 졸려서 다시 잠이
든다. 이 모습이 얼마나 사랑스러운지 모른다. 아들 손을 3분
정도 잡고 완전하게 자는 것을 확인 후 조심스럽게 방문을 열
고 작은 방에서 출장 준비한다. 기상과 동시에 매일 하는 습관
이 있다.

"오늘 하루도 감사합니다."

이렇게 아침 일찍 짧은 감사기도를 한다.

화장실 문을 조용하게 열고 소란스럽지 않게 머리를 감고 샤
워를 한다. 정장을 입고 마지막 관문인 출입문 앞에 선다. 전자
버튼의 문을 살짝 잡고 소리가 나지 않게 집을 나선다. 비 오
는 아침, 몇 미터 앞 차량까지 가는 길에 우산을 쓸지 아니면
뛰어갈지 망설이다 결국 우산 없이 뛰어간다. 비를 맞으면서
뒷좌석에 가방을 던지고 오늘의 교육장소로 이동한다. 보통 짧
게는 30km에서 길게는 100km까지는 당일 아침에 교육장소로
이동을 하는 편이고, 100km 이상의 거리일 때는 전날 교육장
소 근처로 이동해서 숙박을 하고 마음 편하게 강의를 하러 가
는 편이다. 이렇게 아침 일찍 교육장소로 이동해서 담당자와
인사를 하고 오늘 함께할 교육생들의 특징을 전달받고 교실로
이동한다. 교실 문 앞에서도 오늘 함께하는 학생들과 교육을
잘 진행할 수 있게 짧은 감사기도를 하는 편이다.

항상 감사한 마음과 긍정 에너지로 시작해 본다. 강의할 때 학생들에게 인성의 중요성을 첫 번째로 강조하고, 자기 분야에 성공한 사람들의 공통점을 이야기해준다. "성공한 사람들 대부분은 오늘 하루에 대한 감사함을 가지고 시작합니다."

아침부터 이렇게 교실에서 당연하게 친구들과 수업 듣고 웃고 즐기는 시간을 지구 반대편 어려운 국가의 또래 학생들은 연필, 공책을 가지고 친구들과 책가방 메고 학교 가는 것이 소원이라고 말한다. 현재 가진 것에 대한 감사함, 고마움을 아는 사람이 되자. 여유가 된다면 주변을 돌아보고 어려운 이웃들에게 관심을 가져보자. 삶의 질이 달라질 것이다.

경기도, 인천, 서울, 전라도, 경상도, 제주도까지 전국의 청소년들과 교육을 하다 보면 특징이 있다. 물론, 초, 중, 고, 대학생별로 차이점은 있지만, 교육 첫 시간 이 학생들도 강사를 처음 보고 강사도 처음 학생들 만나는 이 순간이 매우 중요하다. 첫인상이라고 해야 할까? 서로의 첫인상을 잘 보여주고 청소년들에게 필요한 교육을 진행한다. 보통 진로교육을 진행해보면 평균적으로 소수 인원의 학생은 오늘 무슨 교육을 하는지 모르고 관심 없다. 3분의 1의 학생은 '뭐지? 오늘 외부강사 교육인데 재미있을까?'

"안녕하세요! 선생님." 혹은 "누구세요?"

적극적으로 다가와서 자신을 어필하는 친구들이 있다. 그리고 나머지 2분의 1의 학생들은 조용히 호기심 가지고 강사를 쳐다본다. 매번 교육은 강사 역량에 따라 학생들 반응을 체크하면서 유동성 있게 움직이며 분위기를 이끌어간다.

요즘 세대의 학생들은 스마트폰과 온라인상의 다양한 정보를 접한다. 너무 많은 정보의 바다 안에서 자신이 무엇을 해야 할지 선택하는 데 어려움을 가지고 있다. 학생들과의 만남에서 물어본다.

"자신은 꿈이 있다. 손들어 볼까요?"

학교마다 차이는 있지만 많이들 손을 든다. 다음 질문으로

"나는 명확한 꿈과 목표를 통해서 작은 실천을 하고 있다. 손들어 보세요?"

두 번째 질문을 던지면 그 손들고 있던 친구들 과반수가 손을 내린다.

그런데 중학교 전 학생들이 자신의 꿈을 찾아서 매일 무언가를 실천한다고 상상해보면 이상할 듯하다. 조금은 귀찮아하고 꿈에 대해 무관심하고 친구 한창 좋아할 나이, 게임과 먹는 거, 이성에 관심을 가질 나이인데 다 같이 꿈을 향해 매일 24시간을 알차게 사용하며 열정을 다한다면 학교의 분위기가 어떨까?

보통의 중학생들은 내가 무엇을 해야 할지 잘 모른다. 당연한 결과다.

첫 만남에서 학생들의 얼굴과 인사와 태도를 보면서 오늘 교육의 방향성을 정한다.

어떠한 교육을 받든지 그 교육에서 끝나지 말고 꼭! 작은 거

하나라도 실천해보자고 이야기한다.

청소년들에게 말하고 싶은 것 중의 하나는 '좋은 습관을 들이자'이다.

제일 중요한 습관은 독서이다. 교육 중 학생들에게 매번 하는 말이 있다.

"성공하는 사람들은 어떤 차이점이 있을까요?"

여러 가지 대답들이 나온다. 학생 대답 중에 꼭 독서라는 항목을 이야기한다.

"전 세계에서 가장 바쁜 대통령인 미국의 오바마 대통령은 그렇게 바쁜 와중에도 한 달에 5권 이상의 책을 꼭 읽었다고 합니다."

"우리 반에서 가슴에 손 올리고 한 달에 책 3권 이상 읽는 사람 손들어 보세요?"

한반에 30명 학생을 기준으로 잡았을 때 5명 이상 손을 드는 학교는 거의 없다. 그만큼 책 읽기, 독서와는 거리가 먼 상황이다. 전 세계를 통틀어서 책 안 읽는 나라 대한민국. 초, 중, 고등학교 12년의 학교생활에서 독서의 중요성을 알려주고 함께 책 읽는 교사는 매우 드물다(물론 책의 중요성을 강조하는 학교도 있다). 반에서 그래도 한 권 이상 책을 읽는 학생들이 있기도 하지만 대부분은 이렇게 이야기한다.

"강사님, 요즘 스마트폰 시대에 누가 책을 읽습니까? 영상으로도 충분히 좋은 정보를 얻을 수 있는데."

물론 맞는 말이다. 그러나 스마트폰을 사용하고 있는 사람은 알 것이다. 게임, 연예, 뉴스 등 그 수많은 스마트폰의 유혹 속에서 나의 꿈과 지식, 미래를 위해서 스마트폰을 얼마나 잘 활용하고 있는지를 누구보다 잘 알 것이다. 학생들에게 물어본다.

"나의 꿈과 목표를 향해서 독서가 아주 중요하다면 읽을 건가요?"

대답은 신이 나서 이야기한다.

"예! 당연하죠. 나의 꿈과 목표를 이루는 데 독서가 중요하다면요."

"그럼 작은 습관을 가져봅시다. 한 달에 책을 한 권도 안 읽는 사람 손들어 보세요."

서로의 눈치를 보면서도 대부분 손을 다 든다. 이렇게 책 읽기, 독서와 멀어져 있는 청소년들이다.

"지금 손든 학생들 성공하고 싶나요? 꿈을 이루고 싶나요?"

"예! 당연하죠."

"좋아요. 지금 손든 학생들 매일 책을 펼쳐나 봅시다. 쉽죠? 읽지도 말고 펼쳐만 봅시다."

청소년들과 교육을 하면서 누군가 이 교육을 통해서 책을 펼치고 한 문장이라도 읽는다면 이 교육은 성공했다고 본다. 책 읽기, 독서의 중요성을 꼭! 알려주고 싶다. 매일 책을 펼쳐보는 습관을 함께 하자.

한 명의 변화. 천 명의 꿈

4

진로 찾는 방법, 진로 3요소

청소년을 포함한 많은 사람들이 자신의 진로에 대해서 고민을 하고 있다. 많은 어른들은 학생들에게 "네 꿈이 뭐니? 넌 커서 뭐가 될 거니? 부모님은 네가 어떤 사람이 되길 원하니?"

같은 질문을 많이 한다. 정작 질문을 받은 학생은 대답하기가 막막한 경우가 있다. 이런 질문은 어떨까?

"네가 요즘 관심 있고 흥미 있는 거는 뭐니?"

질문도 좋지만 현장에서 학생들을 만나 교육하면서 꼭 이야기하는 것이 있다. 그것은 진로를 찾는 방법에는 진로 3요소가 있다고 이야기한다. 우리나라 사람들은 숫자 3을 좋아하는데, 세 가지만 기억하고 실천하면 자신의 진로를 찾는 데 많은 도움이 될 것이라고 이야기한다. 먼저 나를 이해하고 직업 세계를 이해해보자. 마지막으로 그 직업을 통한 진로를 선택하고 작은 것이라도 행동으로 옮기고 실천해보자.

주위 사람들의 충고나 자신의 개성과 가치관을 고려하여 자기 스스로 설계하고 준비하는 것이 필요하다. 개인의 소질과 적성, 직업 흥미, 능력 등을 스스로 검토하고 자신이 진정으로 하고자 하는 일이 무엇인지 분석하고 구체적인 방향을 찾는다. 학업, 보람과 긍지, 소유욕, 행복 그리고 성공 등 자신이 중요하게 여기는 내면적 가치를 존중하는 방향으로 진로를 설계한다. 인간은 사회적 존재이므로 사회가 요구하는 직업윤리를 지키는 범위 안에서 진로를 준비하고 설계한다. 단계적으로 계획을 세우면 차질 없이 세밀하게 진로 준비를 할 수 있다. 다양한 진로 정보를 수집함은 물론, 교육, 직업, 사회 등 다방면에 대한 다양하고 정확한 정보를 수집하여야 한다.

진로 3요소에 대해서 알아보자.

첫 번째, 자기 이해이다.

나를 이해하고 발견하는 것이 중요하다. 교육을 하다 보면 스스로 자신을 많이 이해하고 있다고 생각하지만 막상 내가 정말로 좋아하는 음식과 색깔, 스타일, 음악, 직업, 옷 등 세 가지씩 작성해보라고 하면 많은 고민을 통해서 작성하든지 아니면 내가 무엇을 좋아하는지 모르는 사람들도 다수가 있다.

나를 이해하기 위해서는 다양한 방법들이 있다.

자신을 이해하기 위해서는 나의 강점 및 약점을 파악하고 신체적 조건 및 가정환경 등을 점검하고, 다양한 검사를 통해서

한 명의 변화, 천 명의 꿈

나의 흥미, 적성, 성격과 그리고 중요한 가치관을 알아보고, 그 내용들을 바탕으로 나만의 포트폴리오를 만든다.

"나의 적성과 흥미 있는 것들을 찾아보자."

가끔씩 교육 중에 말하면 흥미와 적성에 대해서 이해를 못 하는 친구들도 있다. 흥미는 긍정적인 느낌으로 끌리는 마음과 내가 하고 싶고 재미있어하는 일, 지속적으로 싫증내지 않고 즐겁게 할 수 있는 것이다. 흥미만 있다고 성공하는 것은 아니다. 능력이 따라야 한다. 그 흥미를 능력과 함께 직업으로 연결하면 좋다. 그럼, 적성이란? 어떤 분야의 일을 쉽게 잘할 수 있는 능력을 말한다. 이 일을 하는 데 성공 가능성을 예측할 수 있는 잠재 능력을 말한다. 해본 것 중에서 제일 좋은 방법은 A4 종이나, 사용하고 있던 노트에다가 하고 싶은 것, 잘하는 것, 배우고 싶은 것, 닮고 싶은 사람 등 카테고리별로 나누어서 자신의 생각들을 작성하는 것이다. 이 카테고리 또한 귀찮고 어려우면 그냥 종이에다가 며칠 동안 내가 정말로 원하고 하고 싶은 것들을 정리해서 반대로 카테고리별로 묶어서 정리해보다 보면 자신이 어떠한 분야에 관심이 있고 무엇을 하면 좋을지 어느 정도 윤곽이 드러날 것이다.

또 다른 방법은 진로 정보 관련 사이트에 들어가서 다양한 검사와 정보를 통해서 나를 이해하는 방법이 있다. 진로를 찾기 위한 사이트 몇 가지를 공유해본다. 자신을 이해하는 데 도움이 되기를 바란다.

- 워크넷(http://www.work.go.kr)
  직업 심리검사(청소년 및 성인), 직업 정보: 한국 직업 사전, 직업, 학과 동영상, 직업인 인터뷰, 테마별 직업 여행, 이색 직업 등, 진로 상담: 온라인 상담
- 커리어넷(http://www.career.go.kr)
  종합 심리 검사: 직업 적성 검사, 직업 흥미 검사, 진로 성숙도 검사, 직업 가치관 검사, 중·고등학생 진로 탐색 프로그램, 직업 정보: 직업사전, 미래의 직업 세계(직업 편, 학과 편), 분야별 직업의 세계, 직업 전망 지표, 진로 상담: 온라인 상담, 진로 가이드
- 고입정보포털(http://www.hischool.go.kr)
  고등학교 정보, 학교별 입시 정보, 자기 주도 학습 전형 안내
- 서울진로진학정보센터(http://www.jinhak.or.kr)
  진로 심리 검사, 직업 및 자격증 안내, 고교 학과 안내 진로 교육 영상 자료, 진로 직업 체험 프로그램, 진학, 진로 상담살 온라인 상담, 방문 상담, 청소년을 위한 방송: 훈화 방송, 직업인 인터뷰 방송
- 학교알리미(http://www.schoolinfo.go.kr)
  학교의 최근 소식, 학교의 정보 제공(학생 현황, 교육 여건, 교육 활동 내용 등)
- 한국대학교육협의회 http://www.kcue.or.kr
  대학별 입학 정보, 대학 탐방: 대학 정보, 학과 정보, 대학소식, 입학 설명회, 대입 상담 및 진학 정보
- 대학진학정보센터(http://univ.kcue.or.kr)
  대학입학정보, 논술 및 면접 방법 안내, 학과 및 진로 정보안내
- 대학알리미(http://www.academyinfo.go.kr)
  전국 대학의 현황과 교육여건, 취업 재정 상황
- 마이스터고등학교(http://www.meister.go.kr)
  마이스터고 소개, 지정분야, 학생특정, 입학안내 등

두 번째, 직업세계 이해이다.

현장에서 학생들이 많이들 물어보는 것 중 하나는

"강사님, 깡패도 직업인가요? 건물주도 직업인가요?"

학생들에게는 직업이 무엇인지부터 이해시켜 준다. 직업이란? 개인이 계속적으로 수행하는 경제 및 사회활동의 종류다.

직업이 되려면 세 가지 조건에 부합되어야 한다. 열심히 일을 해서 경제적인 수입이 있어야 하고 월급처럼, 단기적인 것이 아닌 지속적으로 활동해야 하며, 윤리적으로 어긋나지 않고 합법적인 활동이면 우리는 직업이라 한다.

나에 대해서 명확하게 이해를 했다면 나에게 어울리는 직업에 대해서 알아봐야 한다. 그러기 위해서는 진학, 직업 정보 탐색이 필수인데 먼저 직업의 종류에 대해서 알아봐야 한다. 우리나라에는 2017년 기준 15,936개의 직업이 있다고 한다. 직업의 세계에는 전문가, 기술공 및 준전문가, 사무종사자, 서비스 종사자, 판매종사자, 농업, 어업 숙련종사자, 기능원 및 관련 기능 종사자, 장치, 기계 조작 및 조립 종사자, 단순노무종사자, 군인, 의회 의원 고위 임직원 및 관리자 등, 이 많은 직업들을 다 알 수는 없지만 자신을 이해했기 때문에 내가 흥미 있는 직업들을 진로 정보 사이트를 통해서 어느 정도 몇 가지는 간추릴 수 있을 것이다. 그러고 나서 그 직업에 관한 구체적인 사항을 알아본다. 또한 4차 산업시대의 변화하는 직업세계에 대해 알아보고, 미래에 나에게 어울릴 말한 직업도 고민해본다. 직업이라고 다 같은 직업이 아니기 때문에 내가 가지고 있는 가치관에 맞는지, 그리고 그 직업을 하기 위한 고입, 대입에 관한 정보도 알아보자. 하고 싶은 직업과 연관된 학교와 학과도 찾아보면서 나의 포트폴리오를 정리하자.

세 번째, 직업 및 진로 선택 및 행동 실천이다.

내가 무엇을 좋아하는지 어떠한 일을 하면 흥미와 재미를 느끼면서 할 수 있는지 직업을 검색해보았다면 그 직업과 미래의 진로를 선택해서 그 분야에 깊게 들어가 보자. 그 직업에 종사하고 있는 자신의 롤 모델을 선정해서 직접 찾아가서 사진도 찍자.

"어떻게 해서 그 직업을 선택하게 되었나요? 이 직업의 장단점은 무엇인가요?"

등 질문도 하면서 멘토, 멘티 관계로 조금 더 적극적으로 자신의 진로에 대해서 뛰어들어 보자. 그리고 직업인의 만남 이후에 조금 더 자신의 인생을 구체적으로 세우고 매일 실천해야 할 목록, 주, 월 단위로 계획을 짜서 실천해보자. 또한 내가 그 직업을 성취하고 주변 사람들과 더불어 잘 살고 있는 미래의 모습을 다 이룬 것처럼 글로 그림으로 만들어보자. 필요하다면 자신의 미래 명함을 지갑 속에 품고 다니면서 꿈꿔보자. 그리고 꿈을 이루고 있는 자신의 모습을 상상하며, 하루하루 동기 부여를 하면서 열정적으로 하루를 생활해보자.

무엇보다 나의 꿈과 진로를 위해서 매일매일 작은 실천을 하자.

학업, 운동, 취미생활, 독서 등 매일 실천할 수 있는 목록을 노트에 정리해서 꿈을 위해 행동하고 실천하자.

나는 매일 블로그 포스팅을 하겠다.

나는 매일 책을 펼치겠다.

나는 매일 1줄 이상의 글을 쓰겠다.
나는 매일 아침저녁 감사기도를 하겠다.

부담 없이 매일 실천할 수 있는 작은 목표를 적어서 실천하자. 이렇게 진로 3요소를 하나하나 자신의 것으로 만든다면 스스로 원하는 진로를 찾고 그 방향으로 가고 있는 자신을 볼 수 있을 것이다.

5

실천하는 방법과 노하우

능력 있는 자가 할 수 있는 것이 아니라, 하려는 자에게 능력이 생긴다. 학생들과 진로교육을 하면서 나를 알아보는 습관, 버킷리스트 작성, 인생 로드맵 등 다양한 내용을 전달하고 함께 만들어가는데, 이 중에 실천하는 학생들은 몇 명이나 될까?

"오늘 이 교육을 받고 매일 실천하고 싶은 것 중 하나를 실천해서 인증 사진 찍어서 보내보세요."

한 반 30명 기준으로 1명에서 3명 사이 평균적으로 보내곤 한다. 그만큼 실천하는 데 어려운 장애물들이 많다. 가장 큰 장애물은 내가 이것을 실천하고 싶은 간절한 마음이 없어서이다.

실천하는 방법은 매우 간단하다. 고민하지 말고 일단 움직이는 것이다. 그걸 누가 모르냐? 바보 같은 답변인 줄 모르겠지만 무조건 하는 것이다. 그런데 가장 문제점은 무엇을 실천해야 할지 A, B, C 등으로 선택의 폭이 넓으면 넓을수록 고민을 하게 된다. 이 고민 또한 선택을 하면 사라진다.

말장난 같지만 실제 그렇다. 어느 정도 비교해서 고민할 단계까지 오면 이것을 할지 저것을 할지 고민하지 말고, 틀리든 맞든 선택을 해서 고민을 접고, 바로 실천하는 것이 답이다.

이런 질문을 한다.

"A를 선택했는데 B가 하고 싶으면 어떻게 하나요?"

그럼 B를 다시 시작하면 된다.

사과를 키우는 과수원에서 아주 탐스럽게 열려 있는 사과 하나를 따서 뽀드득 뽀드득 손으로 깨끗이 닦은 후 '아주 탐스럽게 생긴 열매니 과즙이 넘쳐 맛있을 거야?' 딱 한 입 크게 깨물었다. 그런데 정작 먹어보니 맛이 없다. 그럼 여기서 사과 먹는 것을 포기하는가? 아니면 옆에 있는 사과나무로 이동해서 다른 사과를 한번 먹어볼까? 이날만큼 정말로 사과를 먹어야겠다면 옆에 있는 사과나무의 사과를 먹어봐야 한다. 먹어봤는데 맛있으면 좋고, 맛이 없으면 또 다른 나무의 사과를 따서 먹어봐야 한다. 나의 입맛에 맞는 사과를 찾아서 움직이고 행동해야 한다.

학생들의 꿈도 마찬가지로 A와 전혀 다른 B의 꿈이 있다. 이 중에서 내가 무엇을 선택해야 할지 모르겠으면 일단 A 관련 경험과 공부를 하면서 알아가자. 그러다 A의 꿈이 나와 맞는 거 같으면 더 파고 들어가면 되고, A가 나와 맞지 않으면 B의 꿈에 흥미와 열정을 가져보면 된다.

실천하는 방법은 당장! 무조건 시작한다.

실천하는 노하우는 여러 가지가 있다. 주변의 사람들에게 내가 하려고 하는 일을 무조건 알리는 방법이다. 예를 들어

"오늘부터 피시방 안 가기로 했어!"

성인이라면

"오늘부터 금연할 거야."

등을 이야기해서 나를 제외한 주변의 사람들이 나의 실천 약속을 잘 지키고 있는지 감시와 격려자의 역할로 삼는 것이다. 물론 이렇게 한다고 100% 내가 원하는 것을 꾸준하게 할 수 있지는 않겠지만 혼자 결심하는 것보다 훨씬 효과적이다.

SNS에 나의 결심을 공유해서 알리는 것도 한 방법이 되겠다. 남들에게 나의 목표를 이야기하는 데 부끄러워하지 말자. 말이 입 안에 있을 때는 네가 말을 지배하지만, 말이 입 밖에 나오면 말이 너를 지배한다. 그만큼 말의 힘은 대단하다.

주변 사람들에게 자신의 목표를 이야기했다면, 그 목표를 달성하기 위한 실천계획이 무엇보다 중요하다. 전 세계 누구에게나 똑같이 주어진 것이 하나 있다면 시간이다.

"여러분은 시간에 끌려다니는 편인가요?"

"아니면 시간을 컨트롤하는 편인가요?"

몇 명의 학생을 제외하고는 대부분의 학생들은 시간에 끌려다닌다고 이야기한다.

누구보다 스스로가 잘 알 것이다. 똑같이 주어진 24시간이라

는 시간을 어떻게 사용할 것인지 계획을 짜야 한다. 시간에도 종류가 있다.

시간은 고정시간과 가용시간이 있는데, 우리는 가용시간을 잘 활용해야 한다. 학생들에게 고정시간은 내 마음대로 쓸 수 없는 시간을 말한다. 수업 시간, 학원 등이 있다. 가용시간은 쉬는 시간, 점심시간, 이동 시간 등 마음만 먹으면 스스로 계획을 짜서 활용할 수 있는 시간이다. 이렇게 계획을 잡고 스케줄표를 만들 정도가 되었는데도 목표를 실천하는 데 방해되는 가장 큰 요소가 있다. 가용시간을 활용해서 계획을 짜면 무슨 소용인가? 정말로 원하는 목표는 저 멀리 우선순위에서 밀려나 있다.

시간 관리의 핵심은 우선순위를 명확하게 하는 것이다. 주어진 시간을 자신의 목표에 맞게 미리 계획해서 효율적으로 사용하자. 시간 관리를 할 때 낭비되는 일을 줄이고(피시방, 게임, TV 시청 등), 중요한 일을 늘려보자(운동, 독서, 공부 등). 긴급하고 중요한 일인 시험 준비와 숙제 등은 미리미리 준비하자.

성공적인 시간 관리를 하기 위해서 무리한 계획은 삼가자. 처음부터 욕심 부리지 말고 실패를 당연하게 받아들이자. 아주 작은 목표를 선정해서 구체적으로 계획도 짜자. 그리고 그 계획을 매일 실천하면서 한 달 정도 꾸준하게 습관화시키자.

어떠한 목표를 실천하려고 하는데 그 일을 안 하기 위한 핑계거리를 찾지 말자.

"일단 주변 정리부터 해야지."

"PC방에서 친구들이 오라는데 내가 빠지면 되나?"

"한국 축구 경기는 꼭 봐야지. 대한민국 국민이라면."

"딱! 1시간만 놀고 하자."

"오늘은 패스, 내일부터 꼭 하겠습니다."

다양한 핑계거리들이 우리 주변을 맴돌고 있다. 반대로 이 목표를 실천해야 하는 긍정적인 이유를 만들어보자. 자신의 꿈을 위해서, 잘 살기 위해서, 좋은 대학교를 가기 위해서, 성적을 올리기 위해서 등.

개인적으로 굉장히 잘 사용하고 있는 실천 방법이 있다.

우리가 매일 가지고 다니는 스마트폰을 이용해서 매일 작은 행동을 실천해보자. 보통 학생들은 등교 시간을 위해 성인들은 출근 시간을 위해서 알람 설정을 한다. 그 알람 설정을 이용하는 것이다. 저녁 9시가 되면 주변 사람들에게 방해가 되지 않게 진동으로 알람이 울리게 설정되어 있다. 그 알람이 울리면 하고 있던 모든 행동을 중단하고 잠깐의 명상 및 기도 시간을 가진다. 하루 알차게 살아온 나에게 감사기도를 하는 것이다. 글을 쓰고 있든, 출장 중이든, 운전 중이든 언제든지 9시가 되면 자연스럽게 실천하고 있다. 이렇게 우리가 가지고 다니는 스마트폰의 알람 설정으로 매일 실천할 목표를 의무적으로 습관화시켜 보자. 학생이라면 알람이 울리면 그 시간에는 무조건 책을 펼치는 것이다. 그리고 한 줄이라도 읽어본다(교과서를 제외하고, 자신의 진로와 연관된 책 및 중·고등학교 추천도서 100권).

무조건 하고 싶은 목표가 있으면 일단 실천하자. 계획을 짜고 시간 관리를 하면서 시작하면 더 좋겠지만 복잡하다면, 자신의 목표를 주변 사람들에게 알리고 당장 1cm라도 시작하자. 그리고 매일매일 꾸준하게 실천해보자. 실행이 답이다.

6

인사를 하면 따라오는 에너지

학교와 회사, 사회생활을 하면서 인사를 잘하는 사람들은 언제나 환영받고 사랑을 받는다.

[인사]라는 글자에 [ㅇ]를 더하면 [인상]이고, 여기에 [l]를 더하면 [인생]이다. 인사를 잘하는 사람들은 대부분이 인상이 좋다. 여기서 말하는 인사는 웃는 표정으로 상대방을 쳐다보면서 공손한 목소리로 하는 인사를 이야기한다. 이렇게 매일매일 10명 이상에게 인사를 하다 보면 주변에 함께 있는 사람들은 "저 친구 참! 인사도 잘하고 인상도 좋아."라고 자신을 이미지화시킨다. 물론 가식적인 웃음이 아닌 자발적인 웃음도 많은 사람들이 자연스럽지 못하다. 몇몇 사람을 제외하고는 후천적으로 거울을 보면서 웃으며 인사하는 연습을 하면 어느 정도는 자연스러워질 것이다.

이렇게 자연스러운 인사를 평소에 자주 하다 보면 자신도 모르게 인상이 좋아진다. 그렇게 좋아진 인상은 사람들을 편안하게 해주고 신뢰감을 준다. 당연히 그런 상황이라면 똑같은 시간대 학교에서는 인사를 잘하고 인상이 좋은 학생에게 하나라도 더 가르쳐줄 것이며, 학교생활기록부에도 작은 영향을 줄 것이다. 사회에서는 인사 잘하고 인상만 좋다고 빨리 승진하고 월급을 더 많이 받는 것은 아니지만 함께 일하는 사람들에게 언제나 비타민 같은 존재가 될 수 있다. 그리고 같은 조건의 사람이라면 누구나 잘 웃고 인상이 좋은 사람을 선호할 것이라 생각한다.

인사를 통해서 인생의 기회를 잡은 사례를 들어보겠다.

강사가 되기 전 호텔 요리사로 일하면서 오픈되어 있는 주방이 아닌 이상 고객들과의 만남은 거의 없었다. 바로바로 음식이 떨어지면 잠시 식당으로 나가서 음식만 교체한다. 그럼 실제 주방에서 일하면서 만나는 사람은 총주방장을 포함해 다수의 선배 요리사들과 바로 옆에서 고객들이 맛있게 먹었던 접시와 요리기구들을 설거지해주는 이모님들 그리고 홀에서 서빙하는 홀 사람들이 전부였다. 이런저런 일을 하고 늦은 나이에 호텔 요리사로 들어왔는데 내 위로 나이가 어린 선배들이 몇명 있었고, 당시 일반적 케이스보다 조금 많은 나이로 들어온 나는 딱 한 가지만 다른 사람들보다 열심히 하기로 했다. 그것이 인사였다.

매일 아침 자전거를 타고 고객과 동선이 떨어져 있는 직원 통로로 출퇴근하면서 이때부터 선배 요리사뿐만 아니라 모든 호텔리어들 대상으로 인사를 하고 다녔다.

"안녕하세요!"

"오래간만입니다."

인사를 하다 보면 전화 통화 때문인지 나를 잘 몰라서 그런 건지 휙! 하고 그냥 지나치는 사람들도 있지만 반대로 나보다 더 진심으로 인사를 받아주는 사람들도 있다. 남자 탈의실에 들어가면 군에서 사용하던 사물함보다 더 작은 개인 캐비닛을 배정받는데 샤워장에서 나오는 선배부터 각종 호텔리어들이 모여 잡담도 하면서 휴식을 취하는 공간이 있다.

아주 하얀 조리 복장을 착용하고, 신입사원을 나타내는 타이를 매고 조리모를 착용한 상태로 나의 일터로 향한다.

"안녕하세요, 선배님. 반갑습니다."

내가 일했던 뷔페식당에 들어가서 처음 보이는 곳이 이모님들 설거지하는 공간이다. 다섯 분 정도의 어머니뻘 되는 이모들은 항상 조식 식사 전 먼저 와 계신다. 이모님들에게는 조금 더 직원들보다 편안하게 인사를 한다.

"이모 저 왔어요!"

조금 무서운 이모에게 가서도

"안녕하세요! 이모."

라며 붙임성 있게 다가가 본다. 영 냉랭한 반응의 이모도 계속 인사를 하니 웃으며 반겨준다. 누구보다 속정이 있으신 분이다.

이렇게 일주일이 지나고 한 달이 지나가면서 인사는 열심히 하고 있었지만 초보 요리사에게는 칼을 잡고 요리할 수 있는 기회는 많지 않았다. 그때그때 필요한 식자재를 나르는 것이 나의 가장 핵심 임무였기 때문이다. 그러나 몇 달을 열심히 인사하고 재료들을 나르다 보니 나에게도 기회가 왔다. 보통 호텔에서 계장 정도 위치에 있으면 나이가 어느 정도 차 있다. 물론 외국에서 건너온 요리사들은 제외하고 평균적으로 나이가 차면서 자연스럽게 계급도 올라가는 현상을 볼 수 있다. 계장급 나이와 이모들의 나이가 비슷했고, 서로 휴식 시간에 잡담 겸 이런저런 이야기하는 모습을 자주 본다. 평소에도 다른 직원들보다 이모들에게 인사를 잘했고, 어머니 같은 마음에 요리하다가 맛있는 음식들이 있으면 선배들에게 안 들키게 몰래 가지고 가서

"이모, 이거 맛있는 거니 나눠 드세요!"

이모들에게 종종 주곤 했다. 이런 모습이 정이 가고 기특했는지 비슷한 연배의 친구인 계장에게 이모들이 나의 칭찬을 자주 하곤 했다.

"이번에 들어온 아가! 인사도 잘하고 싹싹해서 좋더라."

선배들이 직접 와서 나에게 이야기도 해준다.

이런 영향 때문인지 다른 연차 선배들보다 일찍 칼을 잡았

고, 넓은 주방에서 10명 이상의 요리사들이 함께 움직이며 요리하는 공간에서 직접 고객들도 마주 보고 요리할 수 있는 오픈 주방으로 나가게 되었다. 계장이 말했다.

"지호, 오픈 주방에 TO가 났는데 너한데 좋은 기회니 가서 열심히 해봐."

"감사합니다. 열심히 하겠습니다."

오픈 주방으로 가고 싶어 하는 선배들도 있었는데 어떻게 내가 그 자리에 가게 되었는지 스스로는 '인사'를 잘해서 갔다고 생각한다. 오픈 주방에 가서는 고객과의 만남과 서비스의 중요성을 알았기에 더 열심히 인사를 했다. 연예인과 유명 골프선수가 와도 똑같이 인사한다.

"안녕하세요! 초밥 맛있는 부위 좀 드리겠습니다."

한번은 롯데 야구선수가 뷔페식당에 왔다.

"안녕하세요! 팬입니다. 오늘 고기 좋은데 맛있게 구워드릴까요?"

"예! 감사합니다. 제가 조금 많이 먹어요. 양고기 좀 부탁드립니다."

양 갈비를 10개 이상을 구워줬다. 요리도 하고 전혀 새로운 세계의 사람들과 인사도 하고 대화도 하면서 더 이 일이 재미있었고 보람찼다. 물론 요리사라는 직업이 쉬운 직업은 아니다. 매일 아침 일찍 나와 식자재 점검을 하고 오픈 주방으로 가서는 매일 광어와 도미, 밀치, 농어, 숭어, 방어, 멍게, 해삼 그리고 조금 징그러워 보이는 개불을 잡으면서 직업병인 손목 통증도 왔지만 이왕 하는 일이라면 조금 더 웃으면서 주변 사람들에게 좋은 에너지를 함께 공유하고 싶었다.

"안녕하세요." 이 인사는 지금 세 살인 우리 아들에게도 물려주고 있다. 마트를 가도 일하는 사람들에게 "안녕!" 하며 손을 흔드는 모습에 조금 지쳐 보이는 이모들도 웃으면서 반겨준다. "안녕! 아가야." 인사는 돈 들이지 않고 주변 사람들을 밝고 기분 좋게 하는 아주 강한 힘이 있다.

하루하루 비슷한 삶에 오늘만큼은 조금 더 주변을 돌아보면서 인사해본다.

"안녕하세요."

7

나의 사부 만들기

나의 꿈과 진로 방향을 설정하는 데 가장 좋고 적극적인 방법은 나의 사부, 즉 나의 롤 모델을 만드는 것이다. 근거리에 만들어서 주기적으로 만날 수 있는 멘토를 만들면 좋겠지만 그렇지 못할 때에는 TV 속 유명 인물, 작가 등 나의 마음속 사부를 만들어서 그 사람이 살아온 발자취를 그대로 따라가 보는 것도 한 방법이다.

처음 호텔외식조리학과를 졸업하고, 당시 유명한 요리사를 검색해보았다. 두바이 호텔에서 여러 명의 전 세계 요리사들을 이끌어가는 에드워드 권, 호텔에서 요리를 하고 있을 때 중식 주방에 계장님의(당시 호텔외식조리학과 교수님) 친구가 에드워드 권이었다.

함께 일하는 후배 조리사가 말했다.

"지호 오빠, 에드워드 권 한국에 와서 저자 강연회 한다고 하네요. 같이 갈래요?”

“그래, 언제 하는데? 꼭 만나고 싶었는데 잘됐다.”

부산에서 저자 강연회를 한다고 알려줘서 당장 신청해서 그날을 기다렸다. 후배 요리사와 함께 저자 강연장에 갔는데 역시나 스타 요리사여서 많은 사람들이 강의를 들으러 왔었다. 요리사 세계의 험난함과 동시에 영어의 필요성, 요리에 대한 간절함이 담겨 있는 강의는 요리사로 몸담고 있는 나에게 강한 파장을 주었고, ‘이분처럼 되고 싶다’라는 생각을 하게 되었다.

강의가 끝나고 다들 줄을 서서 에드워드 권 책에 사인을 받으려 하는데 책은 없었고, 평소에 이분을 존경해서 에드워드 권의 이야기라면 신문과 잡지에서 오려서 수첩에 수집하고 있었다. 그 기사들이 담겨 있는 작은 수첩에다가 조심스럽게 사인 요청을 했고, 용기를 냈다.

“저, 같이 사진 한 장 찍을 수 있을까요?”

“그래요~!”

흔쾌히 응해주셔서 사진도 함께 찍을 수 있었다. 이 사진은 지금도 청소년 강의에 자주 활용하고 있다.

“스스로의 꿈과 진로를 찾는 데 가장 좋은 방법 중 하나는 현재 여러분이 꿈꾸고 있는 그 위치에 있는 사람을 찾아가서 인사하고 사진 찍으면서 에너지를 받는 방법이 아주 좋다. 그리고 더 적극적으로 이메일이나 SNS를 통해서 꾸준하게 연락을 주고받으면 더 좋다.”

그러면서 요리사 시절 나의 마음속 롤 모델인 에드워드 권과 함께 찍은 사진을 보여준다. 그런데 요즘 학생들은 이 요리사를 잘 모른다.

현재는 10년째 전국을 돌아다니며 청소년들에게 진로교육을 하고 있다. 물론 다른 청소년 관련 강의들도 전반적으로 다 진행 중이다. 강사 시장에 들어온 날 처음으로 강사가 되기 위해 무엇을 해야 할지 조금은 난감했다. 어느 누구도 나에게 강의를 주지 않았다. 이 분야에 교육하고 있는 강사의 발자취를 따라가 보기로 한다.

강사가 되고 싶을 때는 누가 유명한 강사인지 관련 주제를 포털사이트에 검색을 했고, 비슷한 또래의 강사 중에 김수영이라는 강사가 작가로도 활동하면서 전국을 다니며 강의를 했다. 그 모습과 강의 내용이 인상적이어서 꼭 만나고 싶었다. 김수영 작가의 책도 구매해서 읽어보고 부록으로 달려 있던 다이어리에 언젠가는 만나기를 바라며 충실하게 나의 생각들을 정리해서 내려갔다. 당시 교육업체에 몸담고 있었고 매일 각 지역으로 출장을 다녔는데, 한번은 경기도 남양주로 출장을 떠났다. 한 초등학교에서 5학년 전체를 몇 분의 강사님과 함께 강의를 하고 있었는데 우연하게 김수영 씨가 남양주에 위치한 학교로 방문을 했다는 소식을 수업 중간에 들었다. 교육업체와 비즈니스적인 부분으로 학교에 와서 각 반별로 인사를 하러 왔다가 교육 중인 우리 반에 들어왔다. 이 기회를 놓치지 않고 학생들에게 소개를 시켰다.

"자~ 뒤에 계신 분이 정말 유명하신 강사님이십니다. 여러분을 위해 찾아왔는데 인사말 들어볼까요?"

"예~~! 좋아요."

김수영 씨는 흔쾌히 앞으로 나와서 학생들에게 좋은 말을 해주었다.

"여러분 꿈을 응원합니다. 남은 시간 강사님과 수업 잘 받으시고요. 파이팅!"

짧은 응원의 메시지와 함께 같은 공간에 머물고 있었고, 쉬는 시간 함께 사진도 찍었다.

"저와 함께 일하는 강사님과 스타일이 비슷하세요!"

나의 강의하는 모습을 보고 김수영 씨가 먼저 말을 걸어왔다. 꼭 한번 만나고 싶었던 분과의 대화였다.

"팬입니다."

짧게 한마디하고, 이분과의 만남을 교육 간 간간히 학생들에게 풀어서 이야기해준다.

이렇게 함께 사진 찍은 내용을 정리해서 학생들에게 보여주며 말한다.

"정말로 내가 원하는 진로 분야가 있으면 그 분야의 닮고 싶은 사람을 선정해서 찾아가보자."

현재는 이분이 운영하는 유튜브 영상을 보면서, 꾸준하게 팬의 마음을 이어가고 있다. 마음속 멘토로 삼으며 말이다.

이렇게 진로와 연관된 분야의 유명한 사람들도 있지만 우리 주변에는 정말로 많은 사부들이 있다.

어머니께서는 학원을 30년 이상 운영할 만큼 강한 리더십과 생활력이 있었고, 현재는 정부에서 운영하는 이야기 할머니 시험을 두 번에 걸쳐 합격해 아이들에게 인기 있는 강사로 활동한다. 부모님 집에 가면 수십 장 A4 용지에 다양한 이야기가 적힌 내용을 프린트해서 외우고 또 외우며 신이 나서 강의 준비하는 모습을 보면, 더 깊은 마음으로 나도 강의 준비를 해야겠다고 생각한다. 항상 옳고 그름을 가르쳤으며, 무엇보다 어려운 상황에서도 항상 긍정적으로 사는 모습을 보면서 영원한 사부라 확신한다.

아버지께서는 소방관 공직 근무를 그만두고 매월 받는 연금으로 7군데 이상 금전적인 나눔을 실천하고 있다. 내가 어렸을 때부터 어려운 사람들에게 작은 베풂을 항상 했고, 그 모습을 보면서 자란 우리 형제는 자연스럽게 아버지 모습의 그림자처럼 어려운 사람들에게 나눔을 실천 중이다. 그리고 몇 년째 요양병원에 계신 할머니를 하루도 빠지지 않고, 찾아가서 이야기 동무도 돼드리고, 재활치료도 같이하면서 매일 몇 시간씩 가족과 어려운 사람들을 위해서 기도한다. 아무나 매일 할 수 있는 일이 아니다.

남동생은 나와는 전혀 반대되는 성격이다. 전자제품을 살 때면 온, 오프라인을 다 확인해서 가장 이상적으로 물건을 구매하고, AS 부분이나 모든 면에서 우리 집에서 가장 꼼꼼하게 일을 처리하는 스타일이다.

우리 가족들은 어떠한 구매와 고민과 해결거리가 있으면 다들 이렇게 생각한다.

"동생한데 물어보자."

몇 번 동생에게 의논하지 않고, 부모님과 집안 중대사를 결정한 적이 있었는데 큰 손해를 본 적이 있었다. 이때부터는 더더욱 동생에게 많이 의지하는 편이다. 와이프와 정수기 구입으로 고민할 때 둘 다 협상을 한다.

"동생 집에 있는 정수기 뭔지 물어보자?"

그리고 그 정수기를 그대로 구매해서 아주 합당한 금액을 내면서 잘 사용하고 있다. 동생이지만 든든한 사부이다. 제수씨는 두 명의 딸을 키우고 있는 육아 고수다. 함께 아이들과 공부하고 책 읽으며 주변 육아 맘들과는 차별화되게 아이들을 키우고 있다. 그런 모습은 육아 후배인 우리에게 큰 귀감이 된다.

마지막으로 와이프는 가장 근접한 나의 사부다. 매사에 내가 이러지도 저러지도 못하는 고민거리가 있으면 아주 명쾌하게 선택해서 길안내를 잘 해준다. 글이나 대화에서 장황하게 이야기하는 나의 습관을 조리 있게 요약해주고, 심플하게 정리해주면서 개인적으로 많이 성장했다고 생각한다. 무엇보다 큰 욕심 없이 감사한 마음으로 생활하며, 귀엽고 착한 아들과 함께 잘 살고 있다 느끼게 해주는 와이프가 고맙고 감사하다.

이렇게 가까운 주변에도 정말 많은 사부를 찾을 수 있다.

이렇게 나만의 사부를 만들기 위해서는 주변을 돌아보자. 내가 좋아하고 잘하는 일들을 찾아서 알아보자. 자신에게 어울리는 나만의 직업과 진로 방향을 선정해보자. 이후 선정된 직업에 그 나름 자리를 잡고 있는 사람을 알아보고 용기 내서 찾아가자.

"안녕하세요! ○○학교 누구입니다. 현재 제가 하고 싶은 진로와 목표가 선생님이 하고 있는 일입니다. 잠시 이야기할 수 있을까요?"

"사진 한 장 함께 찍을 수 있나요? 부탁드립니다."

라고 작은 용기를 내면서 나의 사부들을 만들어가자. 찾아가기가 어렵다면 해당 분야 전문가에게 SNS, 이메일을 통해서 다가가보자.

이렇게 적극적으로 자신의 꿈과 목표에 한 발 다가가보면 어떨까?

고민하지 말고 이 책을 잠시 덮어두자. 내가 하고 싶은 일을 검색해서 1페이지에 나오는 사람의 블로그와 각종 SNS 채널들을 찾아보고 그 사람의 영상이나, 책을 읽어보면서 나만의 목표와 계획을 정리해보자.

똑같이 할 수 없어도 외적·내적 동기부여도 받아보고, 비슷하게 자신의 색깔을 입혀서 나간다면 열정이라는 큰 선물을 받을 수 있을 것이라 확신한다.

그리고 자신의 꿈을 상상해보자. 언젠가 나도 내 분야에 최고가 되어 꿈 많은 청소년들이 나를 찾아와서 이렇게 말할 수도 있다.

"안녕하세요! 저와 사진 한 장 찍을 수 있을까요?"

"존경합니다. 어떻게 해서 그 자리까지 오셨어요?"

컴퓨터를 켰는데 여러분이 해당 분야 전문가에게 보냈던 메일처럼 비슷한 메일을 받는 삶이 올 것이다.

여러분이 자신의 꿈을 향해 적극적으로 실천한다면 충분하다.

꿈은 이루어진다.

지금 당장 원하는 분야를 선정해서 검색해보자. 그리고 그 분야 책을 읽어보며 자신의 꿈을 구체화시키자. 그리고 나만의 사부를 찾아가자.

마치는 글

다음 차례는 여러분입니다(독자들도 꿈을 가지고 행동하시길).

사람마다 각자 살아가는 방식은 다르다. 개인의 삶에는 틀림은 없다. 다름이 있을 뿐이다.

청소년 시절 공부도 안 했고, 왜 해야 하는지도 몰랐으며 중학교 생활 때부터 자유로운 청소년으로 방황을 하다가 결국 고등학교 3학년 2학기에 학교도 가기 싫어 위장취업을 통해서 사회로 나왔다. 친구 따라 강남 간다고 유흥업소에 발을 들였고, 힘들고 사기도 당하면서 사람을 못 믿기 시작했다. 그러다 집으로 입영통지서가 왔다.

청소년 시기 방황하던 자유청년은 지금 아빠가 되어 있고, 전국의 청소년들 찾아다니며 작은 꿈을 찾아보자고 외치고 다닌다. 이렇게 찾아온 책임감과 사명은 나의 큰 원동력이 된다. 물론 그렇게 열정을 다하면서 가정과 일을 하다 보니 좋은 일이 점점 더 생겨나고 있다.

한 명의 변화, 천 명의 꿈

지금도 찾고 있는 흥미와 보람찬 일들은 내 나이 마흔 살에 찾아온 인생에 이렇게 나의 이야기를 솔직하게 책 한 권 이야기로 풀어본다.

마음속에 있는 또 다른 도전과 행동, 실천을 여러분들과 함께했으면 한다.

원하는 것을 이루기 위해서는 행동해야 한다.

첫 번째 지금 바로 메모지를 준비하자. 왼쪽과 오른쪽이 구분이 되게 메모지 중앙에 세로로 선을 긋고 왼쪽에는 내가 좋아하는 것을 생각나는 대로 작성해보고, 오른쪽에는 나의 장점을 작성해보자. 왼쪽의 좋아하는 것과 오른쪽의 나의 장점들을 비교하면서 연관된 것들은 동그라미 쳐보자. 연관되는 부분들이 없다고 생각할 수도 있다. 그나마 비슷한 것이 있어도 연결고리를 찾아보자. 이렇게 찾은 연결고리를 통해서 나에게 어울리는 직업과 진로를 찾아보는 것이다. 이런 부분에서 내가 정말로 원하는 것을 모르겠다면 5장 4쪽지에 작성되어 있는 다양한 사이트로 자기 탐색을 통해 나를 알아보자.

두 번째 메모장에는 스스로 꼭! 한번 실천해보고 싶은 목록을 100가지 적어보고 실천해보자. 100가지가 많다면 10가지라도 좋다.

- 내가 정말로 가고 싶은 장소(여행 포함) 10군데
- 도전하고 싶은 일 10가지
- 하고 싶은 일 10가지
- 만나고 싶은 사람 10명
- 배워보고 싶은 10가지
- 관심 가는 직업 10가지
- 그 직업을 잘하기 위해 필요한 능력 10가지
- 나누고 봉사하고 싶은 10가지
- 가지고 싶은 물건 10가지
- 정리하고 싶은 10가지

세 번째, 나를 위한 시간을 충분하게 가져보자. 그리고 메모장에 정말로 원하는 것을 작성하고, 우선순위에 맞게 정리해서 작은 것부터 실천해보자. 사고뭉치 자유청소년이었던 내가 지금까지 우연하게 살아온 과정에서 가장 잘한 일은 내가 원하는 것을 메모지에 또박또박 글로 작성하고 실천한 것이다.

독자들도 원하는 목표와 꿈을 작성하고 작은 것부터 행동하길 바란다.

매일 1cm 정도의 작은 행동을 말이다.

한 명의
변화,
천 명의 꿈

초판인쇄 2020년 3월 30일
초판발행 2020년 3월 30일

지은이 정지호
펴낸이 채종준
펴낸곳 한국학술정보㈜
주소 경기도 파주시 회동길 230(문발동)
전화 031) 908-3181(대표)
팩스 031) 908-3189
홈페이지 http://ebook.kstudy.com
전자우편 출판사업부 publish@kstudy.com
등록 제일산-115호(2000. 6. 19)

ISBN 978-89-268-9878-9 13040